INDOOR SPORTS FLOOR

改訂
第2版

― 屋内スポーツフロアの企画から維持管理まで ―

公益財団法人 日本体育施設協会
屋内施設フロアー部会

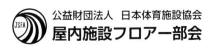

改訂第 2 版発刊にあたって

公益財団法人日本体育施設協会　屋内施設フロアー部会　編集委員会

「INDOOR SPORTS FLOOR －屋内スポーツフロアの企画から維持管理まで－」を平成 5 年に発刊、平成 9 年と平成 25 年に改訂して以来、永年、多方面の体育施設関係者にご利用いただいております。すぐに増刷ができずご迷惑をおかけいたしましたが、ここにようやく内容を刷新した改訂版を発刊するに至りました。

今回の増刷にあたっては、一般社団法人日本フローリング工業会発行の「フローリング張り標準仕様書」（令和 2 年版）の変更により、改訂版で発刊するに至りました。

近年、各スポーツ施設の利用者及び利用方法の多様化に応じて、よりきめ細かく配慮した安全性の高い床が求められています。また、床仕様も多種多様となっており、その選択により慎重さが求められる時代になってまいりました。

当部会ではこの度、今までの経験を活かし、企画から設計・施工・改修・維持管理・保守保全にわたり、編集いたしました。

是非、多くの屋内スポーツフロア関係者の指針としてご活用いただきたく存じます。

今後とも、各方面よりご指導・ご鞭撻のほど、よろしくお願い申し上げます。

推薦のことば

公益財団法人日本体育施設協会　専務理事　小菅　司

今日、健康づくりや生涯スポーツの場として、多くの方が体育施設を利用しています。一方、管理運営者の不注意や対応の遅れが重大事故となるケースもあります。

体育施設、特に体育館を利用する皆様が、安全で、楽しく、快適に過ごすことができるよう、日本体育施設協会屋内施設フロアー部会では、永年にわたり体育館フロアの維持管理に携わり、豊富な経験と実績のある有識者により、「INDOOR SPORTS FLOOR －屋内スポーツフロアの企画から維持管理まで－」を発行して、施設関係者の皆様に提供しておりました。写真・図解などを使用し、解り易く解説した内容であります。

この度、体育館フロアの中心である木質系床を主題として、その下地から仕上材までを紹介する内容として改訂いたしました。幼児から高齢者まで安心して使用できるよう建設から維持管理するためのノウハウが掲載されています。体育館管理に役立つQ＆Λもあり、本書は、体育施設関係の皆様のお役に立つことと思います。ここに推薦申し上げます。

INDOOR SPORTS FLOOR
CONTENTS

屋内スポーツフロア新設にあたって

屋内スポーツフロア新設にあたって重要なことは、企画段階での条件設定である。設定条件に不備やまちがいがあるとトラブルの原因ともなるため、新設にあたっては利用目的及び機能について、利用者及び管理者（体育指導者も含む）との事前協議で予算（建設費、維持管理費）を含めて充分検討する必要がある。

条件設定時点での注意事項

1.利用競技種目を明確にし単純化する

アリーナを計画する場合、競技種目及び利用内容（専用か多目的か）を明確にし、附属室（管理室、倉庫、ロッカー室、シャワー室、便所、会議室、集会室等）を含めた計画をおこなう。多目的に使用する場合、あまり多くの競技を対象として計画すると、床構造や収納、その他金物、遮光、採光、空調、換気、照明等で目的の競技が公式試合に使用できなくなることもある。そのため出来るだけ競技内容の近い2〜3種目程度を目標に計画することが必要であり、出来得れば専用にすることが望ましい。

多目的に使用する場合の競技種目の組合せ例

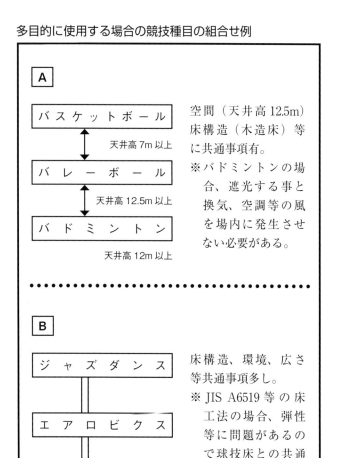

A	空間（天井高 12.5m）床構造（木造床）等に共通事項有。
バスケットボール	
天井高 7m以上	※バドミントンの場合、遮光する事と換気、空調等の風を場内に発生させない必要がある。
バレーボール	
天井高 12.5m以上	
バドミントン	
天井高 12m以上	

B	床構造、環境、広さ等共通事項多し。
ジャズダンス	※ JIS A6519 等の床工法の場合、弾性等に問題があるので球技床との共通使用は、避けた方が良い。
エアロビクス	
体操競技	

スポーツ施設の利用法の分類

・競技スポーツ（公式ルールに基づく国際競技迄）
・地域住民の健康増進スポーツ（ジャズダンス、エアロビクス）
・地域住民の遊び的スポーツ（ニュースポーツ、レジャースポーツ）
・地域住民の多目的集会場としての利用（コミュニケーションの場とスポーツ併用）
・地域住民のカルチャースクールとしての利用（公民館としての利用も含めたもの）
・学校体育館（体育の授業・部活動）

2.アリーナ及び玄関、通路、附属室の フロアの段差をなくす

屋内スポーツ施設を利用する人達が安全でかつ機能的にスポーツを楽しむためには、床の平滑さは重要であり、小さな段差でも車椅子や、老人、障害者にとっては、事故のおきる要因となるので部位別(出入口、通路及び框等)に十分検討して段差がない様計画する。

3.適正なフロアを選定する

競技内容によって下地及び仕上材の適・不適があり、持ち込まれる器具の重量等も床に対して充分検討の上、選定する必要がある。（7頁の2.屋内スポーツフロアの下地・仕上材の種類と使用適否表の項参照）

最近アリーナや柔剣道場等でエアロビクスや、ジャズダンスに使用する場合が多いが、現在のJIS A6519の仕様ではゆれが多い事が問題になっているので、多目的使用の場合は、床の高さを低くしたり、床束部分を補強したり、筋違を交互に取付けるなどして、制振を配慮した工夫が必要。出来得れば専用ホールにすべきである。

また、重量物の設置や移動、コンサート等のイベントや興行の使用には集中荷重がかかる場合があるので、床下地の強度には充分な検討が必要である。
（コンサート等で観客が密集する場合も集中荷重が考えられる）

4.アリーナの位置は充分日照に配慮して決定する

木製床の場合は、直射日光により反り、割れ、隙間が発生することがあるので、方位については東西にアリーナの長辺を取り南北に採光面を取って直射日光を最小限にする。遮光についてもルーバー、ブラインド、カーテン、遮光ガラス等の配慮が必要である。競技をする上でも直射日光は避けなければならないので企画する時点で充分検討する必要がある。

5. 防湿対策・空調 ────────────

　床高及び防湿対策（防湿層及び床上、床下換気口）は充分に検討し対策をとること。

　床下の防湿対策は防湿コンクリート等により、地形によっては周囲の排水も必要である。床高に関しては最低60cm以上（階上及び特殊床を除く）が望ましい。実質的換気開口面積は諸条件を考慮し、充分床下換気を行う必要がある。

　充分な換気が得られない場合は、環境に応じて強制換気を検討するのも１つである。

　また、暖房による木床の乾燥は劣化につながる場合があるので、空調設備の仕様には慎重な検討が必要である。

6. 床の清掃がしやすいように配慮する ────────

　床の初期性能を維持するためには、清掃管理が重要である。簡単で効率的に清掃が出来る床材と室内の形状、備品等を計画時点で十分検討し、設計に取り入れる必要がある。

7. 体育器具基礎については将来計画を含めて
　　充分検討し配置する ────────

　建設完了後の体育器具基礎の設置は、作業も困難であることはもとより、費用もかかり床性能劣化の原因ともなるので、計画時点で基礎の見落としのない様注意する。

　又軟弱地盤で体育器具基礎を設置する際は、不同沈下がおきない様基礎の検討を行う事。

　改修工事等で床下地をやり替える場合、センター芯と体育器具基礎及びコートラインの位置が合っているか、十分な確認が必要である。

1.屋内スポーツフロアの分類

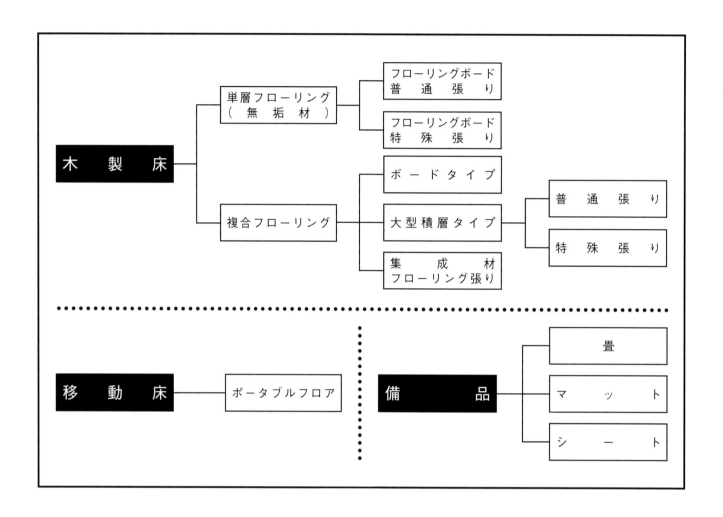

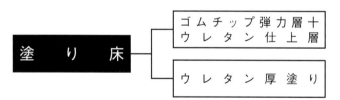

　塗り床は、一般的にコンクリートスラブ等の上に、直に合成高分子系の樹脂をバインダーとする塗り床材を施工したもので、屋内スポーツフロアを目的とする塗り床材は、その多くが複層である。

　張り床は、一般的にコンクリートスラブに接着剤を用いて張り床材を施工したもので、屋内スポーツフロア用の張り床材としては、塩化ビニルや合成ゴムなどの合成高分子材料を用いた床シートなどがある。

※塗り床・張り床とも工法的に、下地として鋼製床下地構成材を使用し、スポーツフロア床としてより弾力性能を向上させたものもある。なお体育館用鋼製床下地構成材についてはJIS A6519に準ずる。

2. 屋内スポーツフロアの下地・仕上材の種類と使用適否表

・用途別使用箇所の適否の基準は、仕上材は会員のアンケートに依って評価されたものであるが、床下地に対しては、JIS A6519 の性能を充分加味して評価したものです。
・表中の数字は、本誌掲載ページを示します。

凡例: ◎ 最適　△ 注意　○ 適　× 不適

床下地構造の適否

用途	木製床下地	鋼製床下地（組床）JISA6519	鋼製床下地（置床）JISA6519	木製床下地（ころがし、大引、根太）
フットサル	○	◎	◎	○
スカッシュ	○	◎	◎	○
ランニング	×	○	○	△
エアロビクス	○	◎	◎	△
トレーニング室	○	○	○	○
多目的ホール	○	◎	◎	○
柔剣道場	△	◎	◎	×
柔道場	△	◎	◎	×
剣道場	○	◎	◎	△
一般体育館	○	◎	◎	△

仕上材の適否（木質床）

仕上材	フットサル	スカッシュ	ランニング	エアロビクス	トレーニング室	多目的ホール	柔剣道場	柔道場	剣道場	一般体育館	木製床下地	鋼製床下地（組床）JISA6519	鋼製床下地（置床）JISA6519	木製床下地（ころがし、大引、根太）
フローリングボード普通張り	△	○	△	○	○	○	○	—	○	○	P22 / P10	P23,P30 / P10	P23,P30 / P10	P10
フローリングボード特殊張り	◎	◎	△	○	○	○	○	—	○	◎	P22 / P10	P23,P30 / P10	P23,P30 / P10	P10
複合フローリングボードタイプ	△	◎	△	◎	○	○	○	—	○	○	P22 / P11	P23,P30 / P11	P23,P30 / P11	P11
複合フローリング大型積層タイプ	◎	◎	△	○	○	○	○	—	○	◎	P22 / P11	P23,P30 / P11	P23,P30 / P11	P11
集成材フローリング張り	△	◎	△	◎	○	○	○	—	○	○	P22 / P13	P23,P30 / P13	P23,P30 / P13	P13
直張り用フローリングボード	—	△	○	△	×	×	×	—	×	×	P22 / P13	P23,P30 / P13	P23,P30 / P13	P13
フローリングブロック張り	△	△	○	△	×	×	×	—	×	×	P22 / —	P23,P30 / P14	P23,P30 / P14	P14
モザイクパーケット張り	×	×	△	×	○	△	×	—	×	×	P22 / P14	P23,P30 / P14	P23,P30 / P14	P14

3.屋内スポーツフロアの構成材

〔1〕仕上材の種類と規格の概要

（1）木製床

※下記の表の寸法はメーカーにより若干異なる場合があります。

木製床の種類	床下地の構造		下張りの有無		寸法			摘要
	根太	直床	有	無	厚さ(mm)	幅(mm)	長さ(mm)	
①フローリングボード普通張り（ノリ釘併用工法）	○		○		15 18	75 (60〜110)	240以上	表面加工は平滑な仕上げ。裏面は接着面を広くするためV溝又は角溝加工とする。
②フローリングボード特殊張り（ノリ釘併用工法）	○		○		15 18	75、78 (60〜110)	240以上	脳天ビス留め、ダボ埋めを行う。
③複合フローリングボードタイプ（ノリ釘併用工法）	○		○		15 18	75、90 (75〜120)	909 (900〜1,800)	表面単板は厚さ3mm以上とする。
④複合フローリング大型積層タイプ（二重張り－普通張り）（ノリ釘併用工法）	○		○		18 21	120〜215	1,800〜1,820	表面単板は厚さ4〜8mmの集成材とする。
⑤複合フローリング大型積層タイプ（二重張り－特殊張り）（ノリ釘併用工法）	○		○		18	290〜455	1,800〜1,820	表面単板は厚さ4〜6mmの集成材とする。脳天ビス留め、ダボ埋めを行う。
⑥複合フローリング大型積層タイプ（根太直張り－特殊張り）（ノリ釘併用工法）	○			○	27 30	300〜455	1,800〜1,820	同上の材で置き床式（S）に使用。（パーチ直張り）／同上の材で組床式（F）に使用。（根太直張り）
⑦集成材フローリング張り縁甲タイプ（ノリ釘併用工法）	○		○		18 24 (15〜45)	90〜120 (75〜160)	3,600 (1,800〜4,000)	主に剣道場、ステージ用として使用。
⑧直張り用フローリングボード（接着工法）		○	○	○	15	75、90 (60〜110)	240以上	裏面にポリエチレンフォーム等を張ったもの。
⑨フローリングブロック張り（接着工法）		○	○	○	15	303 (240〜303)	303 (240〜303)	裏面にポリエチレンフォーム等を張ったもの
⑩モザイクパーケット張り（接着工法）		○	○	○	8 10 (6〜12)	455、458 (300〜458)	123、152 (123〜530)	

この仕様は、原則として「フローリングの日本農林規格」合格品で、一般体育館、柔道場、剣道場、柔剣道場、スポーツ競技場等の、強度・弾性・平滑性などについて要求度の高い床に適用する。

規格品とは、人工乾燥したフローリングボード、複合フローリング（大型積層板・集成材フローリングを含む）の格付けの表示（JASマーク）のあるものとする。

材種は、ナラ、カバ、イタヤカエデ、ブナ、アサダ、外材などとし、指定による。

厚さはリフォームを考慮して18mm以上が望ましい。

下張り板

下張り板（捨張）は次のとおりとし、指定による。

（ア）合板

構造用合板で耐水性能を有し、日本農林規格合格品で厚さ12mm以上とし指定による。

但し、組床の柔道場、剣道場及び柔剣道場にあっては、15mm以上とし指定による。

（イ）パーティクルボード

JIS5908−1994・Mタイプ又はPタイプで、日本硬質繊維板工業会の下地用パーティクルボード規格表示のもので20mm以上とし指定による。

留め付け材は次のとおりとする。

組　床　　タッピングビス25mm以上
置き床　　スクリュー釘36mm以上

下張り板厚に応じてビス・スクリュー釘の長さとし指定による。

置き床に接着剤を使用する場合はウレタン樹脂系とする。

表面工法がフローリングボード特殊張り及び大型積層板特殊張りの場合、タッピングビス又はスクリュー釘打ち込みは右図の様にし、根太ピッチ300、303mmの場合21ヶ所とする。

ビス（スクリュー釘）位置図組床特殊張り用

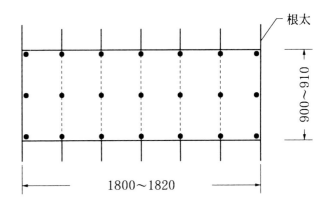

（注）置き床の場合ピッチは360程度

表面工法が普通張りの場合は、タッピングビス又はスクリュー釘打ち込みは下図の様にし、根太ピッチ300mmの場合35ヶ所とする。

ビス（スクリュー釘）位置図組床普通張り用

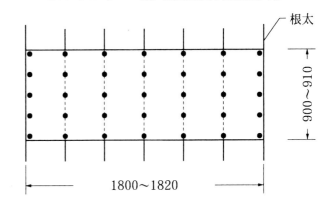

（注）置き床の場合ピッチは360程度

①フローリングボード普通張り（ノリ釘併用工法）

　フローリングのJASでいう単層フローリングを用い、あらかじめ組まれた釘留めできる下地の上に、接着剤を全面塗布し、釘等を用いて張込む工法、二重張り接着剤併用隠し釘留め工法とする。

樹種　ナラ、カバ、イタヤ、ブナ、アサダ、外材等

寸法

厚（mm）	幅（mm）	長（mm）
15、18	60〜110	240以上

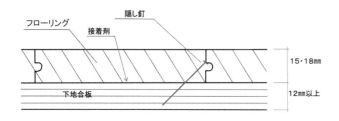

　釘はフロア釘、スクリュー釘、ステープルのいずれかを特記により用いる。特記のないときは、長さ38mm以上を用いる。
　釘打ちは根太の種類に応じ、次の通りとする。

（ア）組床　─　根太位置を避け、根太ピッチ間隔に下張り板に打込む。
（イ）置床　─　釘打ち間隔は360mmピッチ以内とし、下張り板置床に打ち込む。

　接着剤はウレタン樹脂系JIS A5536接着剤又はこれと同等以上の耐久性を持つ接着剤とする。
　張り込みに先立ち、板の割付けを行い、原則として室内中央から両側に張り進める。
　中央部にはセンター材（両雄さね加工とする）またはそれに準ずる材（やといさね）を用い、下張り板面に全面接着剤を塗布（300g／㎡以上）する。
　隣接するフローリングの継ぎ手に150mm以上離して通りよく並べ、板そば（板の幅方向の角）、木口（板の繊維方向の角）のさね方を損傷しないように雄さねのつけ根からおよそ45°角にして隠し釘打ちをする。（釘頭が雄さねのつけ根から出ないよう釘頭をよくおさえる）

②フローリングボード特殊張り（ビス留め工法）

　フローリングボードを下張り板に接着し、隠し釘で留め、フローリング脳天にダボ穴を開け、脳天ビス留めし、ダボ埋めする。張り施工後、現場にてサンダー掛けを施す。
　この工法は、普通張りに比べ頑丈でフローリングが反りにくく、1964年の東京オリンピック以降に広まった。
　当初はフローリング長手方向の実なしが主流だったが、近年、施工性に優れた小実（コザネ）となっている。

樹種　ナラ、カバ、イタヤ、ブナ、アサダ、外材等

寸法

厚（mm）	幅（mm）	長（mm）
15、18	60〜110	240以上

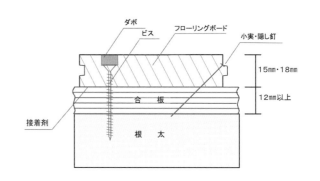

　脳天ビス留めは次の通りとする。

（ア）組床　─　タッピングビス板厚の2倍程度。
（イ）置床　─　コーススレッドビス板厚の2倍程度。

　注：隠し釘、脳天ビスは接着剤が乾燥する前に充分に締めつけること。

　脳天（木栓）穴は表面雌さね内側約25mmを脳天穴の心とし、次の通りとする。

（ア）組床　─　脳天穴は根太上に前記にならってあけ、脳天穴にタッピングビスをドライバー機等によって締込む。
（イ）置床　─　脳天穴は300mmピッチ以内にあけ（開隔は等間隔とする）、脳天穴にコーススレッドビスを打ち沈める。

　脳天穴は、接着剤を充填または接着剤を塗布した木栓等で充填する。

脳天穴は8～10mm、深さは板厚の2分の1以内とする。張込みはフローリングボード普通張り（ノリ釘併用工法）に準じる。なお木栓の材種は、クルミ、カツラ、ホオ等床材よりやわらかいものとする。

③複合フローリングボードタイプ

複合フローリングボードは規格品とし、表面単板は厚さ3mm以上とする。

樹種　カバ、ナラ、外材等

寸法

厚（mm）	幅（mm）	長（mm）
15、18	75、90、100、110、120、150 メーカー指定による	メーカー指定による

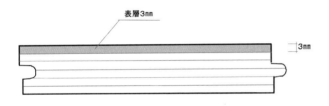

表層3mm

釘（隠し釘）、接着剤、工法、張込みはフローリングボード普通張り（ノリ釘併用工法）に準じる。

④複合フローリング大型積層タイプ普通張り（ノリ釘併用工法）

複合フローリング大型積層タイプとは、集成材調の厚さ4～6mmの挽板表面材を台板合板に接着加工し、さね加工した床材。

下張り板に接着剤及び隠し釘で留める。

樹種　ナラ、　カバ、イタヤ、ブナ、外材等

寸法

	厚（mm）	幅（mm）	長（mm）
二重張り‒普通張り	15～21	～151	1,800・1,820

釘（隠し釘）、接着剤、工法、張込みはフローリングボード普通張り（ノリ釘併用工法）に準じる。

⑤⑥複合フローリング大型積層タイプ特殊張り（ビス留め工法）

複合フローリング大型積層タイプとは、集成材調の厚さ4～6mmの挽板表面材を台板合板に接着加工し、さね加工した床材。

下張り板に接着剤及び隠し釘で留め、その後脳天ビス留め、ダボ埋めを施し留める。二重張り工法と鋼製床下地の根太及び置床下地のパネルに直接張る直張工法とがある。

脳天ビスはタッピングビス41mm以上とし、木組・置床の場合は、コースレッド38mm以上とする。

樹種　ナラ、　カバ、イタヤ、ブナ、外材等

寸法

	厚（mm）	幅（mm）	長（mm）
二重張り （捨張りあり）	18～21	151～455	1,800・1,820
根太直張り （捨張りなし）	27・30	300～450	1,800・1,820

＊下地が置床の場合、仕上げ材を含め総厚39mm以上が望ましい。

＊根太直張り工法は、隠し釘の替りに隠しビス41mm以上にて留める。

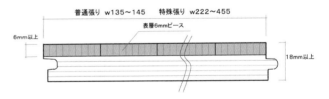

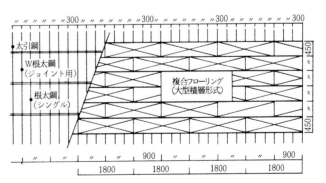

接着剤は次の通りとする。

（ア）二重張り工法
　1液型ウレタン樹脂系接着剤又はこれと同等以上の耐久性を持つ接着剤とする。
（イ）直張り工法
　1液型ウレタン樹脂系接着剤又はこれと同等以上の耐久性を持つ接着剤とする。

工法は次の通りとする。

（ア）二重張り工法
　下張り合板上に大型積層床材を張り（隠し釘留め）脳天ビス留めとする。
（イ）直張り工法
　鋼製床下地構成材に直接大型積層床材を接着し、隠しビス、脳天ビス留めとする。

張り込み方法は次の通りとする。

（ア）二重張り工法
　張り込みに先立ち、下張りに板の割付けを行い、原則として室内の中央から両側に張り進める。（床面積が小さい場合は、片側から張り進めてもよい。）
　中央、張り出し基線は、根太（床パネル）に直角にレンガ張り（千鳥）または三つ割りになるよう割付ける。
　また、床材の長手方向の接合部（エンドマッチング）が根太（置き床の場合、床パネルの接合部が下張りの接合部に重ならないよう）からはみ出ないように留意して割付ける。
　下張りに全面接着剤を塗布し、割付けにならい床材のジョイント部分に段差、隙間が生じないよう通りよく並べ、板そば、木口のさね肩を損傷しないように、雄さねのつけ根からおよそ45°角で隠し釘打ちをする。
　脳天穴は根太上に接着硬化前に通りよく開け、タッピングビスを用いて張り込み開始後120分以内によく締めつける。

板幅300mmの場合、脳天穴は幅に対して2個あけ、板幅450mmの場合は3個あけ、次図の通りとする。

脳天留め

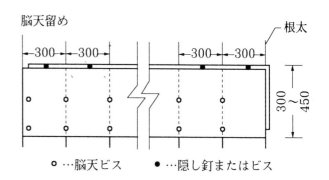

　○…脳天ビス　　●…隠し釘またはビス

（イ）直張り工法
　割付けは「二重張り」に準じる。ただし下張りがないので、割付けは床材現物で行う方がよい。
　1液型ウレタン樹脂系接着剤を根太鋼の天端に盛り上がらないように塗布する。
　塗布量は300ピッチに200g／㎡とし、置床の場合1液型ウレタン樹脂系接着剤を置床全面に塗布する。塗布量は300〜500g／㎡。
　置床の場合は「二重張り工法」による。
　組床の場合は、根太上に接着剤を塗布し、割付けにならって床材のジョイント部分に段差、隙間が生じないよう接着剤を塗布し通りよく並べ、雄さね、または凸相ジャクリのつけ根からおよそ45°角で隠しビス留めをする。

脳天留め

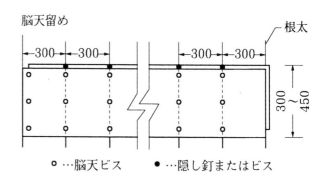

　○…脳天ビス　　●…隠し釘またはビス

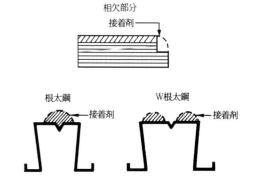

⑦集成材フローリング張り

縁甲（長尺）タイプの無垢材、人工乾燥の規格品を使用する。主に剣道場等に使用される。

樹種　松、桧、杉、サクラ、ナラ

寸法

厚（mm）	幅（mm）	長（mm）
15、18、21、24、30	90、105、108、120	1,800～4,000

工法

二重張り接着剤併用隠し釘打ちとする。ただし、特殊張り（脳天留め）工法も可能。

張り込みはフローリングボード普通張り（ノリ釘併用工法）に準じる。

1プライ断面

Aタイプ

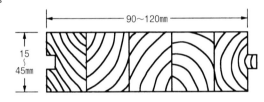

2プライ断面

Bタイプ

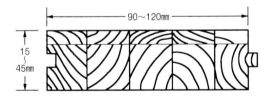

注
・Bタイプは主に、桧、杉等の針葉樹材に用いられる。
・A、B以外にも複合加工によるフローリングもある。

⑧直張り用フローリングボード接着工法

材は裏面にポリエチレンフォーム等を裏打ちした規格品とし、接着工法とする。

主にトレーニングルーム、集会室、多目的室等に使用される。

無垢フローリング材と複合フローリング材とがある。

樹種　ナラ、カバ、ブナ、イタヤ、アサダ、外材等

寸法

厚（mm）	幅（mm）	長（mm）
15、18	60～110	240以上

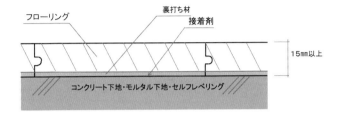

接着剤

接着剤はエポキシ樹脂系2液型、1液型ウレタン樹脂系接着剤あるいはこれと同等以上の耐久性を持つものとし、指定による。

下地の点検

（ア）コンクリート・モルタル・セルフレベリング下地
①下地の乾燥はモルタル水分計で測定し、10％以下とする。
②下地は平滑であり施工に支障がないこと。
③出入口、壁際等の張り代は高低差が均一であること。
④下地のレイタンス、ゴミ、ホコリ等の除去を確認すること。

（イ）木質下地（繊維板を含む）
①下地の床鳴り、たわみ、目違い段差が無く、釘打ち間隔、釘頭の打ち締めが十分になされ、ゴミ、ホコリが除去されていること。
②含水率は13％以下であること。

施工
①施工する床面のゴミ、ホコリを完全に除去する。
②床面の湿気測定を行う。
③スミ出しを完全に行う。
④クシメゴテを使って、接着剤（エポキシ樹脂）を均一に塗布する。（クシメゴテの凹凸が出るようにする。
⑤塗布量は㎡当たり400g以上を目安とする。
⑥スミ出しに沿って隙間の出ないように施工する。

⑨フローリングブロック張り

主に集会室。マシンジム、多目的室等に使用される。

フローリングブロックは元来、湿式工法（砂・セメントを練り均し、金足付き（かなあし）のフローリングブロックを張り込む。モルタル埋め込み工法）が主流であったが、平成初期より乾式工法である接着工法に移行している。

4枚または5枚の板をはぎ合わせ、裏面にポリエチレンシートを張り、正方形に加工したもの。

樹種　ナラ、カバ、ブナ、アサダ、イタヤ、カエデ、外材等指定による。

寸法　　　　　　　　　　　　　　　（　）…特注品

厚（mm）	幅及び長さ（正方形）　mm
15（18）	（240）　303

規格・工法

4枚または5枚の板をはぎ合わせ、裏面にポリエチレンシートを張り、正方形に加工したブロック状に成型したものを市松模様に張り込む。工法は直張り用フローリングボード接着工法に準ずる。

⑩モザイクパーケット張り

主に集会室、多目的室に使用される。

樹種　ナラ、カバ、ブナ、外材等

寸法　　　　　　　　　　　　　　　（　）…特注品

厚（mm）	幅（mm）	長（mm）	緩衝材	摘要
（8～12）	（250～530）	（300～530）	無・有	市松模様タイプ
8、10	455、458	123、152	〃	並列模様タイプ

接着剤、下地の点検、施工は直張り用フローリングボード接着工法に準じる。

接着剤塗布

大型積層板普通張り

大型積層板釘打ち

ドラムサンダー掛け

体育館床完成時

体育館床完成時（特殊張り）

木製床の床塗料の分類と特長

塗料の性能が使用の目的に適合するかどうかは十分に検討すべき事で、塗料にもそれぞれの長所、短所があり適材を適所に選ぶことが必要である。ポリウレタン樹脂は各スポーツ競技に合った適度なすべり及びノンスリップ性を有するよう設計されている。（剣道場などの場合は使用者のニーズにより適度なすべりを有するオイル系塗料も考えられる）

最近フロア用として多く使用されているものには次のようなものがある。

・溶剤1液型油変性ポリウレタン樹脂塗料
乾性油で変性した1液ポリウレタン樹脂塗料で、空気中の酸素と反応し硬化するタイプ。作業性がよくコスト的に有利だが紫外線により黄変しやすく溶剤臭が残る。
・溶剤1液型湿気硬化性ポリウレタン樹脂塗料
空気中の湿気で乾燥硬化するタイプ。耐摩耗性がよく短期施工が可能だが湿気や木材の含水率によって密着不良を起こすので十分な管理が必要。
・溶剤2液型ポリウレタン樹脂塗料
主剤/硬化剤混合することにより反応し、硬化するタイプ。耐溶剤性や物理的性能に優れ黄変しにくいが混合後の可使時間が有り5℃以下の低温時は、硬化反応がストップする。
・水性1液型ポリウレタン樹脂塗料
引火性がなく安全で、臭気も少なくリフォーム適正に優れているがやや肉持ち感が劣り黄変しやすい。
・水性2液型ポリウレタン樹脂塗料
引火性がなく安全で臭気が少なく、耐薬品性、特にリフォーム適正に優れ黄変しにくいが混合後の可使時間が有り5℃以下の低温では塗膜形成が困難。

近年、水性ポリウレタンの他、剣道場の塗料・超耐摩耗塗料が開発、競技別フロアのカラー化等のニーズに対応できる塗料もある。

種別	長所	短所
溶剤1液型油変性ポリウレタン樹脂塗料	●1液性で作業性がよい。 ●塗料用シンナーが使用でき、シンナーの臭いが弱い。 ●耐摩耗性が良い。 ●光沢が良い。 ●コスト的に有利。	●黄変しやすい。 ●溶剤臭が残る。 ●VOCが多い。＊1
溶剤1液型湿気硬化性ポリウレタン樹脂塗料	●耐摩耗性が良い。 ●耐溶剤性が良い。 ●短期施工が可能。	●開缶後に、空気中の湿気と反応しやすい為注意が必要。 ●湿気及び木材含水率によっては、密着不良が起こる事があり、十分な管理が必要。 ●極端な厚塗りは反応硬化時にガスが発生し、塗面に気泡跡を残すことがある。 ●VOCが多い。
溶剤2液型ポリウレタン樹脂塗料	●耐溶剤性が良い。 ●耐油、耐薬品等に優れている。 ●硬度、耐摩耗性、等の物理性能が優れている。 ●光沢保持率が高い。 ●黄変しにくい。	●ポットライフ（2液混合したものの可使時間）がある。 ●価格がやや高い。 ●5℃以下に気温が下がると、シンナー揮発だけで、反応はストップする。 ●臭いが強い。 ●VOCが多い。
水性1液型ポリウレタン樹脂塗料	●引火性がなく安全である。 ●臭気が少なく後に残らない。 ●耐薬品,耐油性等に優れている。 ●メンテ、リフォーム適性に優れている。＊2 ●VOCが少ない。	●黄変しやすい。 ●価格が高い。 ●肉持ち感が若干劣る。 ●5℃以下に気温が下がると塗膜形成が困難。
水性2液型ポリウレタン樹脂塗料	●引火性がなく安全である。 ●臭気が少なく後に残らない。 ●耐薬品,耐アルコール性等が優れている。 ●メンテ、リフォーム適性に特に優れている。＊2 ●塗膜が強靭である。 ●光沢・肉もち感が良い。 ●黄変しにくい。 ●VOCが少ない。	●価格が高い。 ●5℃以下に気温が下がると塗膜形成が困難。 ●ポットライフ（2液混合したものの可使時間）がある。

＊1　VOCとは揮発性有機化合物のこと。（施工後には換気により揮発し、残留しない）
＊2　旧塗膜「溶剤1液型ポリウレタン樹脂（油変性・湿気硬化性）、溶剤2液型ポリウレタン樹脂、水性ポリウレタン樹脂（1液型・2液型）」との密着性に優れた効果がある為、リフォーム時の再塗装には最適である。

研磨・塗装・ライン引き

（1）研磨（サンディング）

概要
張り込み完了後、段差、接着剤の付着、キズ、汚れを取り除き、塗装の素地作りのため研磨を行う。研磨は基本として荒掛・中掛・仕上の3回掛とする。研磨にて落ちない段差、キズ、汚れ等は板の張り替え及び薬品等にて拭き取りを行う事。

研磨機
研磨機はドラムサンダー（室内中央部）、ディスクサンダー（壁際、板そば、敷居、巾木際等）を用いる。

荒掛
サンドペーパーは、#30～#40を標準として用い、目違い及び汚れ払いを行う。

中掛
サンドペーパーは、#60～#100を標準として用い目違い、汚れを取り荒掛サンドペーパーの目払いを行う。

仕上掛
サンドペーパーは、#100～#120以上を標準として用い、荒掛、中掛のサンドペーパーの目払いを完全に行い塗装仕上げの素地を作る。

壁際等においてはディスクサンダー等にて壁、巾木等にキズをいれない様サンディングを行う。機械などが当たらない場所においては、ノミ、カンナ、サンドペーパー等にて作業を行う。

（2）塗装

塗装は溶剤型ポリウレタン樹脂塗料（油変性型・湿気硬化型・2液性型）、水性型ポリウレタン樹脂塗料（1液性型・2液性型）等で行う。

塗装要領は以下の通りとする。

工程	作業	㎡当り塗布量	乾燥養生期間				
			油性1液型	湿気硬化型	油性2液型	水性1液型	水性2液型
①清掃	サンディングされた面を良く清掃し付着物を取り除き油類は溶剤でふき取る。		－	－	－	－	－
②下塗	塗料を各塗料タイプに応じた仕様で希釈し、ハケまたは専用モップで塗装する。	80g以上	16時間以上	8時間以上	8時間以上	6時間以上	6時間以上
③研磨	ポリッシャー（#100～#120）で研磨し、掃除機で除塵する。		－	－	－	－	－
④中塗	②に同じ	80g以上	16時間以上	8時間以上	8時間以上	6時間以上	6時間以上
⑤研磨	③に同じ						
⑥中塗	④に同じ	80g以上				6時間以上	6時間以上
⑦研磨	ポリッシャー（#100～#180）で研磨し、掃除機で除塵する。					－	－
⑧ライン引き	ライン用塗料でライン引きする。		12時間以上3日以内	12時間以上	12時間以上	12時間以上	12時間以上
⑨上塗	各種上塗塗料を塗装する。	80g以上	2日～5日以上	2日～5日以上	2日～5日以上	2日～5日以上	2日～5日以上

（注1）養生期間は、2日（歩行等）～5日（スポーツ開始）以上確保する。（地域・季節・環境により差があります）
（注2）塗料のついたウエスやポリッシャーによる研磨粉は、発熱し何らかの要因で発火する恐れがありますので水で充分湿らせて燃えない容器に入れて処理する。

（2）移動床（ポータブルフロア）

体育館・多目的ホール用

　近年、大型のインドアスタジアムや多目的コンベンション施設の出現により、床に求められている機能はスポーツから展示会場まで多様化している。ポータブルフロアは、これらの施設にフローリングによる本格的なスポーツ床を創り出すことができる移動床である。

ポータブルフロアの種類	床下地の構造	寸法(mm)			重量(kg/枚)	仕上材	摘要（ジョイント方法等）
		高さ	幅	長さ			
支持脚タイプ（A）	60〜260	100〜300	900	900／1,800	15.0／30.0	大型積層板	支持レールの雌実、雄実で接続。ジョイント金具固定。
支持脚タイプ（B）	100〜300	145〜	1,000	2,000	約42.0	大型積層板	パネルのサネとH型ジョイナーで接続。
パネルタイプ（A）	無	70	1,220	1,220／2,440	38.7／77.4	巾38mmかえで材乱尺張り	専用のドロップピンで固定。
パネルタイプ（B）	無	22 クッション材+10	513	1,800	13.9	ブナ加熱圧縮ハードウッド	フロアパネルの四方実と、金具と裏側の溝と組み合わせる。パネル間にやとい実を使用。

（ア）支持脚タイプ（A）

　緩衝材のついた支持脚と支持レール及び木製パネル材から構成され、支持脚でレベル調整が可能。

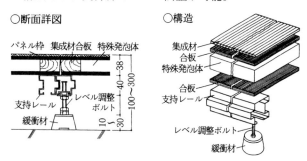

（ウ）パネルタイプ（A）

　根太、耐水合板の下張り及び仕上げハードメープル材から構成される。

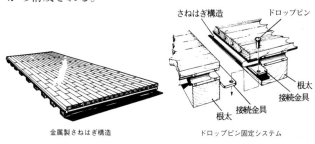

（イ）支持脚タイプ（B）

　アルミ架台の上複合フローリング仕上げ。支持脚及び大引でレベルの調整が可能。

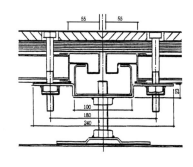

（エ）パネルタイプ（B）

　発泡ポリエチレンシートに直接置くだけで、安定したフロアが出来上がる。

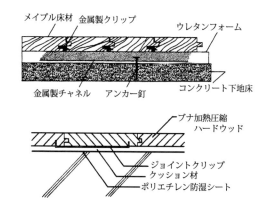

ポータブルフロアの施工方法

（ア）施工前の確認
①床下地の平滑度の測定を行い、床全面及び各部の水平の状態を確認する。概ね、床全体の公差は±10mm以内の不陸を限度とする。
②施工場所が完全に清掃・後片付けなど完了しているか、点検する。

（イ）荷受け・保管
　保管にあたっては下記事項に注意し、必ず室内の乾いた場所に平積みする。
①各構成材置場の設置は事前に確保すること。
②重量物を載せないこと。
③衝撃を与えないこと。特に表面、角欠けに注意する。
④水や湿気の侵入を防ぐこと。
⑤納入数量等の確認をする。
⑥パネルの収納の際は、各パネルの塗装面を合わせて平積みする。また収納用台車を利用すると良い。

（ウ）床パネルの敷設
　ポータブルフロアのタイプによっては、支持脚を持つタイプとパネルのみのタイプとが有り、組立て方法が個々に異なるため、敷込み要領は基本的にメーカーの要領書に従う。パネルの敷込みにあたっては、下記事項に留意すること。
①パネルの敷込みは、基準墨に基づき設置する。各パネルの接続部が確実に組み合わせるようにする。
②パネルは千鳥状に敷込む。
③各パネルの裏面に割付順に番号を印しておくと、次回敷込みの時、レベル調整がたやすくなる。
④パネルの収納の際は、各パネルの塗装面を合わせて平積みすること。

（エ）床パネルのレベル調整
　パネルのレベル調整を、調整ボルト、締付ナットなどを調整しながら行う工法とパッキンで調整を行う工法がある。この時、水糸、水準器なども使用する。

（オ）点検、検査
　施工完了後改めて下記事項の点検を行うこと。
①床の水平レベル（高さ）
　水平精度は競技に支障のない平滑な面にする。
②周辺部との取合い及び間隙等の検査。
③がたつき及び緩みの点検。
④目違いの点検。
⑤パネルと塗装面のキズの有無の検査。
⑥その他これらに付帯する事項の点検と検査。

（カ）床養生
①水分や湿気の侵入を防止すること。
②重量物を載せないこと。
③塗装仕上げ商品なので、キズのつかないように取扱には十分注意すること。

（キ）清掃・メンテナンス
①ホコリ・ゴミ等の除去は、ホコリの立ちにくい自由箒と塵取り又は電気掃除機で吸い取ること。
②木質床材は水拭き厳禁。体育館専用モップによる押しぶきを行うこと。汚れがひどい場合は、フロアクリーナー等を使用し、きれいなモップなどで必ず拭き取ること。
③土砂類の進入防止をして保護管理すること。
④フロアパネルの保管は、湿気の少ない風通しの良い所で行うこと。

（3）柔道畳

（ア）柔道畳の現状

　現在の柔道畳表は、耐久性、すべりを考慮し、化学畳表が使用されている。

　また、畳床については、大きく分けて化学材料で主に構成された「化学床」と「わら床」の2種類があり、現在では化学床材料が多く使用されている。

わら畳　　　　化学畳　　　　簡易畳

（イ）柔道畳の寸法・使用

　化学材床を使用した化学畳と、わら床を使用したわら畳に大別し、標準仕様は下記の通りとする。

　柔道畳においては、衝撃力の緩衝性、耐久性、すべり等の安全性が必要で、これらの中で何と言っても競技者が投げられ、床上落下、衝突した時のエネルギーを吸収する「緩衝性」が重要である。

　また、緩衝性は柔道畳と床下地の複合された性能となるため、特に注意が必要である。

柔道畳例

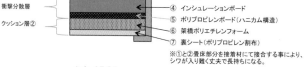
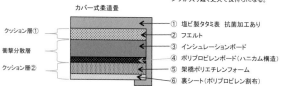
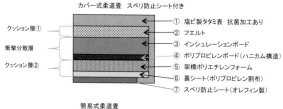
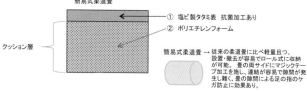

柔道畳の標準仕様

項目			化学畳	わら畳	簡易畳
寸法（標準サイズ）			厚み60mm　幅×長さ910×1820 厚み60mm　幅×長さ880×1760		厚み40mm　幅×長さ 1820mm×11m
重量			11〜23kg	30〜35kg	40〜50kg
構成材料	畳表		塩化ビニール	同左	同左
	畳床	緩衝体	フエルト・発泡ポリプロピレン・発泡ポリエチレン　等	主にわら材で構成	主に発泡ポリエチレンで構成
		荷重分散	中空ポリプロピレン・合板・インシュレーションボード　等		
	裏シート		畳用のポリプロピレンシート	同左	なし
畳床部製法			縫着又は接着	縫製	接着
緩衝性能の水準			柔らかめ（H₂,H₃相当）	固め（H₁相当）	柔らかめ（H₃相当）

（ウ）参考
・体育館、剣道場で試合をする時の畳の選定
　床下地が柔道場に必要なだけの緩衝性を有しておらず硬いため、投げ技などに対する衝撃が大きくなる。このような場合には、柔らかい畳（化学畳や簡易畳）を使用する必要があり、わら畳を使用する場合には、畳の下に柔らかい緩衝材を敷き、衝撃を緩和する必要がある。
　また柔道畳の性能を測定してH_2、H_3に相当する柔らかめの柔道畳を使用することが望ましいと言える。
・下地材を含めた柔道場の緩衝性能の目標値の考え方
　31頁の柔道畳の性能表の緩衝性値（U_J）を目標値とし、競技者のレベル（熟達者、初心者）に応じて、選定する必要がある。
・清掃、保管
　硬くしぼった布等で表面の汗や汚れを拭き取り、スノコ等を敷いた上で風通しの良い部屋に保管する。

講道館

講道館　大道場

〔2〕床下地の種類と概要
（1）木製床下地構成材
（ア）概要

　最近では、体育館用の床下地として木製のものは少なくなったが、既存の施設で使用されるところもあり、構造等概要を記載する。

　土間は地面からの湿気を防ぐために、防湿のコンクリート加工を施すことが良い。特に湿度の高い場所では、防湿シートを土間上に敷込む方法がある。

　床束は、強度、保存性からコンクリート製を使用することが多い。その高さは、通気性を十分に考え、床下に湿気がこもらないようにする。

　大引は、松、栂、檜等の角材をボルトで、長手方向に床束に締め付けておく。継ぎ方は、あり継手による方法が良い。

　根太は、よく乾燥させて大引に対し交叉状に取りつけ、檜を使用すると良い。

ブロック製の床束

木製大引・根太

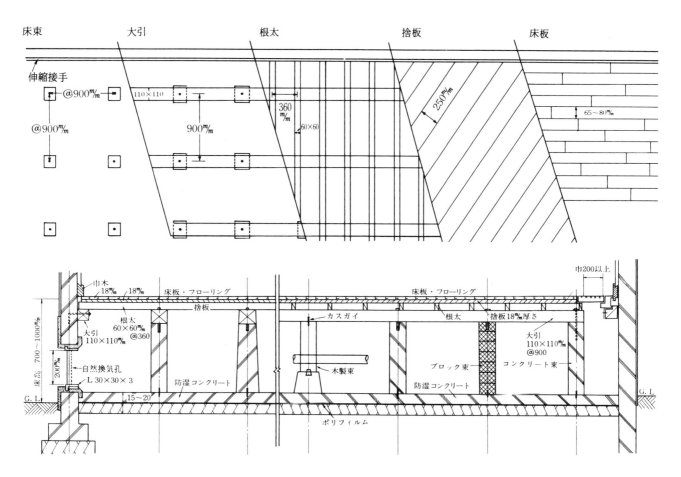

・床下は防湿コンクリート加工、地面から床板までの高さは70〜100cm

・床束はコンクリート製で50〜80cm

・大引は110mm×110mm、ピッチ900mm、根太は60mm×60mm、ピッチ360mm

・捨板は合板12、15mm厚または檜、杉の斜め張りとする。

（2）鋼製床下地構成材

（ア）概要

　我が国で体育館の床に昭和45年頃から鋼製床下地が使用されるようになった。体育館の床に要求される性能の主なものは、載荷荷重、衝撃性、弾力性、硬さ、仕上がり床面の平滑性等であり、これらが保証されることである。

　それまでまちまちであったこれらの床性能の標準化が要求され、昭和60年3月にJIS A6519（体育館用鋼製床下地構成材）として規格が制定された。その後、武道場についても床下地としての標準化が求められ、平成元年3月の改正によってJISに一本化された。

　これにより、一般体育館の床とは異なった弾力性・緩衝性・硬さなどの性能が要求される柔道場・剣道場・及び柔剣道場についても、必要な性能基準・試験方法が追加された。

（イ）特長
①施工性、経済性
②安全性、快適性
③水平性、平滑性
④維持管理性
⑤耐久性

（ウ）性能

JIS　A6519（抜粋）

①適用範囲

　この規格は体育館に使用する鋼製床下地構成材（以下構成材という）について規定する。ここでいう体育館とは、一般体育館、柔道場、剣道場及び柔剣道場をいう。

②各部の名称

　構成材の各部の名称は、組床式にあっては右図のとおりとし、支持脚、大引、根太などの各々の部材から構成される。また置き床式にあっては右図のとおりとし、支持脚、床パネルなどの各々の部材から構成され、各名称が定められている。なお、過大な荷重を負荷する床（多目的床など）には適用しない。

組床式（例図）

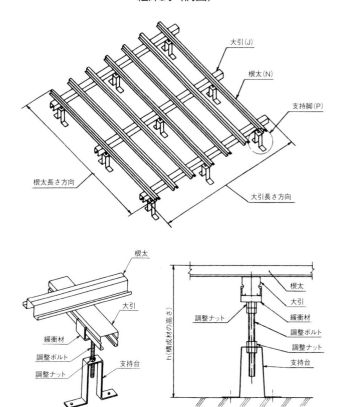

置き床式（例図）

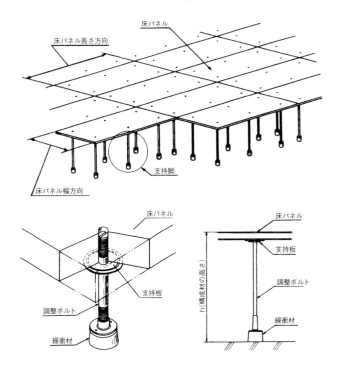

③種類及び記号

構成材の種類及び記号は、構成及び使用目的によって
次のとおり区分する。

a．構成による区分

構成による区分及び記号は下表のとおりとする。

構成による区分

区分	記号	備考
組床式	F	支持脚・大引・根太などを組み合わせて構成されるもの。
置き床式	S	支持脚及び床パネルなどを組み合わせて構成されるもの。

b．使用目的による区分

使用目的による区分及び記号は下表のとおりとする。

使用目的による区分

区分	記号	備考
一般 体育館用	G	通常の体育館の床の構成材として使用するもの。
柔道場用	R	柔道場の床の構成材として使用するもの。
剣道場用	K	剣道場の床の構成材として使用するもの。
柔剣道場用	R・K	柔道場及び剣道場に兼用される床の構成材として使用するもの。

組床式

置き床式

（3）木製及び鋼製床下地における床下換気

　床下の換気は、床に悪影響を及ぼす湿気の滞留を防止するため重要である。

　近年の気候変動により、夏季の多湿期、冬季の乾燥期の湿度の変化が極端になる傾向の中、自然換気、強制換気、また空調設備については、慎重な検討が必要である。

（ア）換気の方法
　換気の方法には、下記に示す通り。

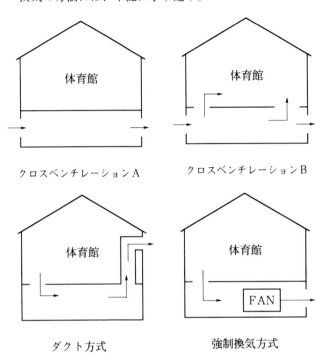

クロスベンチレーションA　　　クロスベンチレーションB

ダクト方式　　　　　　　　強制換気方式

　それぞれ長所、短所はあるが、効果、メンテナンス、経済性などを考慮し、クロスベンチレーション方式を推奨し、その概要を説明する。

　床の換気について、立地環境、条件により様々な考え方があり、正確にその効果を表現することはできないが、自然換気の場合は風（空気の流れ）を利用し、空気の圧の差を利用して換気を行う方法である。

　計算には、設置場所の通風、風向きも重要であり、右表にそれを示した。

（イ）換気計算環境条件
①最多風向　床下の条件の悪い7月を取る。
②平均風速　①と同じく7月だが、換気計算に使用する面風速は安全を見て表の1／2で計算する。
③風上側床下の開口面積
　$A_N = 100$　　風上側風量の％
　$A_S = 60$　　風下側風量の％
　$R_N = 20$　　室内側の風量％
　$R_S = 20$　　　　　〃
　以上の設定から
　$A_N = A_S + R_N + R_S$とする。

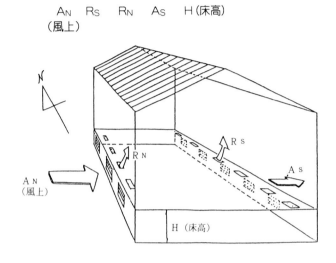

（ウ）自然換気量の計算式
　$Q = a \cdot v / 60$
　　　Q：換気量（CMM）
　　　a：換気回数（回／h）
　　　v：床下の容量（㎥）

（エ）開口面積の計算式
　$Q = 60 \cdot A \cdot V \cdot \theta$
　　　Q：換気量（CMM）
　　　A：開口面積（㎡）
　　　V：外風速（面風速 $\frac{m/s}{2}$）
　　　θ：有効開口率（ガラリ等を考え0.4とする）

各地の平均風速と最多風向

地　名	1月		4月		7月		10月	
	最多風向	平均風速(m/s)	最多風向	平均風速(m/s)	最多風向	平均風速(m/s)	最多風向	平均風速(m/s)
那　覇	N	6.2	N	5.0	S	5.4	NE	5.8
鹿児島	NW	3.2	NW	3.1	NW	3.0	NW	3.2
熊　本	N	2.2	N	2.2	SW	2.4	N	2.2
長　崎	N	3.1	N	3.1	SW	3.3	NE	2.5
福　岡	W	3.9	N	3.4	SE	2.9	N	2.8
高　知	W	2.2	W	2.1	SSE	1.8	W	1.9
徳　島	WNW	4.3	NW	4.1	SE	3.3	WNW	3.7
岡　山	W	2.4	E	2.0	E	1.9	NNW	1.6
鳥　取	WSW	4.0	SE	3.2	SE	2.3	ESE	2.6
大　阪	W	3.2	NNE	3.1	W	2.8	NNE	2.6
京　都	W	2.0	NNW	2.3	SSW	2.0	N	1.7
名古屋	NW	3.5	SW	3.7	SSE	2.7	N	3.0
浜　松	WNW	4.5	WNW	3.9	WSW	3.2	NE	3.0
静　岡	W	3.1	NE	3.2	S	2.7	NE	2.5
東　京	NNW	3.4	NNW	4.3	SSE	3.6	N	3.6
水　戸	NNW	2.6	N	3.4	ENE	2.5	NNW	2.8
前　橋	NNW	4.2	NNW	3.5	ESE	2.2	NNW	2.8
甲　府	NNW	2.3	SW	2.5	SW	1.7	SW	1.5
長　野	ENE	1.9	WSW	3.6	WSW	2.5	W	2.6
福　井	S	2.7	SSE	3.2	S	2.4	S	2.6
金　沢	NSW	3.3	E	2.7	E	2.1	E	2.1
新　潟	WNW	5.5	SSW	4.0	NNE	3.1	S	3.3
福　島	WNW	2.9	WNW	3.2	NNE	2.1	NNE	2.0
仙　台	WNW	2.9	WNW	3.0	SE	2.0	NNW	2.4
盛　岡	S	3.0	S	3.8	S	3.0	S	2.5
山　形	NSW	1.7	N	2.2	N	1.7	NNE	1.4
秋　田	NW	5.3	SE	4.4	ESE	3.4	ESE	3.3
青　森	SW	4.0	SW	3.6	N	2.6	SW	2.8
函　館	WNW	3.9	W	4.1	E	2.9	E	3.3
旭　川	W	1.8	W	2.5	W	2.1	S	1.8
釧　路	NNE	3.5	NNE	3.6	SSE	2.8	NNE	3.2
札　幌	NW	2.3	SE	3.7	SE	3.0	SE	2.3

建物別による必要換気回数

場所	換気回数／h	換気係数
一般工場	6〜12	10〜5
熱処理、鋳造・鋳造場	9〜30	7〜2
化学、薬品工場	12〜30	5〜2
染色、乾燥工場	12〜60	5〜1
製糖、製菓、食品工場	8〜20	8〜3
繊維・紡績工場	6〜12	10〜5
エンジンルーム、ボイラールーム	15〜60	4〜1
変電所	12〜30	5〜2
吹付、塗装工場	20〜120	3〜0.5
有毒ガス発生室	30以上	2以下
倉庫	1〜6	50〜10
蓄舎、養鶏場	6〜60	10〜1
公民館、講堂	6〜20	10〜3
病院	3〜20	20〜3
劇場	8〜20	8〜3
一般遊技場	12〜20	5〜3
ガレージ	2〜3	30〜20
営業用調理室	12〜30	5〜2

（オ）自然換気の計算
　　例：条件　建築場所　青森県

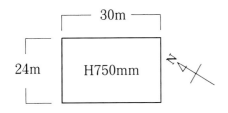

①必要換気量の計算
　　$Q = a \cdot v / 60$　　　a：10回　　　v：540㎥
　　$Q = 10 \times 540 / 60 = 90$㎥
　　　この場合90㎥の換気量が必要となる。
②開口面積の計算
　　$Q = 60A \cdot V \cdot \theta$
　　$V = 2.6 \times \dfrac{1}{2} = 1.3$（青森7月）
　　$\theta = 0.4$
　　$90 = 60 \times A \times 1.3 \times 0.4$
　　$90 = 31.2A$
　　$A = 2.884$㎡
　　　以上の計算から、開口面積は全体で2.9㎡設けるとよい。
③床下及び床上の開口面積
　　$A_X = A_S + R_N + R_S$
　　A_N（風上壁面）の開口面積2.9㎡
　　A_S（風下壁面）の開口面積1.74㎡（60％）
　　R_N及びR_S（室内床面）の開口面積はそれぞれ0.58㎡必要となる。（20％）

（カ）結論
　　今まで述べたように、床下の場合の開口面積は基準が設けられているが、室内の床上の換気口には基準がなく、その条件や計算方式については、それぞれの考え方があることも事実であるが、今までの各地の自然換気扇の納入実績及び換気設計の資料をもとに、床上換気の計算式を設定し、風速及び風向を参考にして必要換気量（㎥）を求め、必要開口面積を算出した。
　　換気口の大きさを床下用300mm×500mm、床上用200mm×1,000mmとすると、例の場合は床下用の風上は2.9㎡だから約20ヶ所、風下は1.74㎡だから12ヶ所となり、床上用は開口率30％とすると、片側約8ヶ所となる。

　　床上換気口は、様々な形状のものがあり、開閉式のものもある。その一例を以下に示す。
※開閉式の場合、閉め切りにしないこと。アミ付きの場合、アミ目を防ぐホコリ等の除去をこまめにすること。

パンチングタイプ

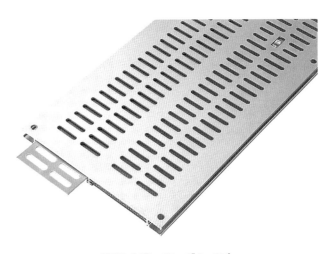

開閉式パンチングタイプ

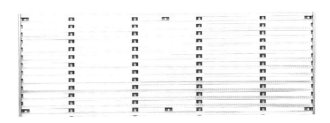

グレーチングタイプ（A）

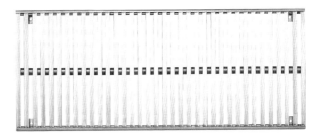

グレーチングタイプ（B）

4. 屋内スポーツフロアの性能

〔1〕 床性能の測定装置

（1）床の弾力性測定装置

　弾力性を測定する装置は、競技者がジャンプして着地した時と同様の荷重を床に与え、その変形を測定するものである。5kgのおもりを80cmの高さから落下させた時の衝撃は、競技者がおよそ40cmジャンプして着地した時の荷重に相当する。

　試験では質量5kgのおもりを、80cmの高さから自由落下させ、試験体上部のゴムばねを介して、競技者がジャンプし着地した時と同じ荷重を与えて、その時の人間がもっているエネルギーを吸収する「緩衝作用」、運動動作に適度に弾みを与える「反発作用」、および「振動減衰作用」の3つの要素が複合されたものを、その時の動的変形性状で測定する装置である。

床の弾力性測定装置

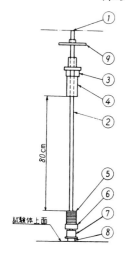

① 変位測定位置
② おもり誘導管（直径27mm）
③ 電磁石
④ おもり（5kg）
⑤ ゴムばね（外径80mm、
　　内径30mm、厚さ100mm、
　　ショアA硬度10）
⑥ 受け板（直径100mm）
⑦ 荷重変換器
⑧ 荷重板（直径50mm）
⑨ 支持板

運動動作時の傷害事故の発生率と物理量の関係

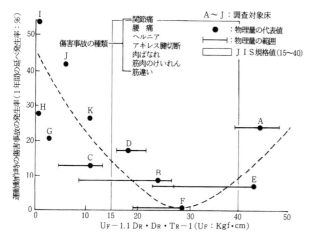

注）上図は床の「緩衝作用の物理量」と傷害事故の発生率との関係を示したもので、この図から床がやわらかすぎても、かたすぎても傷害事故が多くなり、適度の範囲が存在することがわかる。JIS規格性能を少なくともインドアスポーツフロアとしては具備すべきである。

弾力性の評価値と物理量の関係

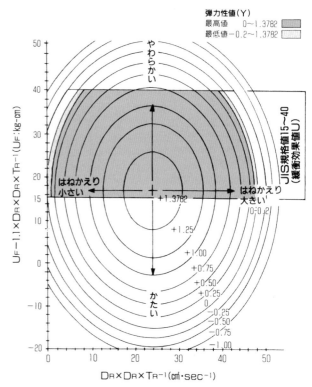

注）上図は床の「緩衝作用の物理量」と「反発作用の物理量」との関係、弾力性値（Y）を示したもので、これから緩衝作用・反発作用とも大きくても小さくても不都合で、それぞれ最適値が存在することがわかる。

（2）床の硬さの測定装置（ヘッドモデル）

　転倒によって何らかの障害が生じることは、スポーツの世界ではよく見られる光景である。この装置は、床から受ける衝撃を数値で表わす、床の安全性を計測するものである。床の上で激しく転んで、頭、ひざ、ひじ、腰などを床に衝突させて、大きな障害事故が発生することがある。その防止の為には、床にある程度の柔らかさをもたせることが必要である。

　この装置は人間の頭部をモデル化したもので、実際の頭部に似せてある。質量3.85kgfのヘッドモデルを20cmの高さより自由落下させ、床に衝突した時の加速度を測定する装置で、加速度により転倒衝突時の安全性から見た床の硬さを評価するもので、転倒した際の頭、ひざ、ひじ、腰などを打ちつける衝突時の衝撃を緩衝して、障害の程度を小さくする性能を求めている。

　加速度の値の小さな床が、障害事故が少ない事が明確になっている。

　一般体育館においては、980m/s以下と規定されている。

床の硬さ測定装置（ヘッドモデル）

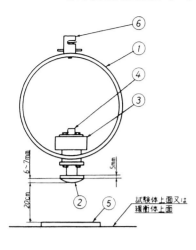

①鋼製フレーム（外径216.3mm、厚さ8.2mm、幅40mm）
②鋼製ヘッド（曲率半径50mm、直径50mm）
③おもり（1.34kg）
④加速度計
⑤ゴム板（厚さ8mm、ショアA硬度37、大きさ300×150mm）
⑥つり金具

転倒衝突時の傷害事故の発生率と物理量の関係

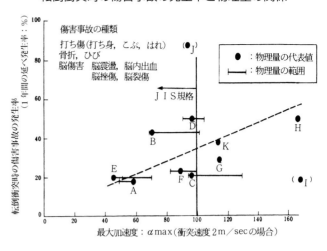

最大加速度：αmax（衝突速度2m／secの場合）

上図は加速度計により発生する最大加速度と安全性からみた床のかたさを示したもので、最大加速度α値の小さな床においては、傷害事故の発生率は少ない。

（3）床のすべり試験測定装置

　すべりは動作のしやすさに大きな影響を与えるだけでなく転倒事故などの原因ともなるため、スポーツフロアでは充分な配慮がなされるべき性能である。

　右図に示したすべり試験機は、よく実情と合致するとされている試験機である。すべり片（E）に実際に使用するシューズの底を取り付け、載荷重量（D）を80kgとして所定の前置時間、荷重速度で引張り、その時の引張最大荷重を載荷重量（80kg）で除した値〔C.S.R〕をすべり抵抗の評価指標とするもので、すべり抵抗値が0.5〜0.8の間に位置すれば、安全性・快適性の観点から大きな問題はないといえる。

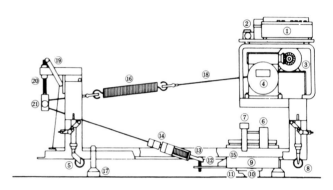

O-Y・PSM（O-Y・Pull Slip Meter）の概要

❶増幅、記録器　　❽移動用車輪　　⓯ガイドレール
❷メインスイッチ　❾重錘　　　　　⓰引張荷重速度調整器
❸定速モーター　　❿すべり片　　　⓱固定脚
❹減速機　　　　　⓫すべり片受台　⓲ワイヤー
❺ワイヤー巻取器　⓬ユニバーサルジョイント　⓳ガイドレール昇降器
❻スタートスイッチ　⓭初期荷重調整器　⓴引張角度調整器
❼ストップスイッチ　⓮荷重変換器　㉑滑車

〈参考〉すべり抵抗の評価指標

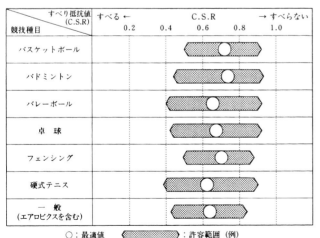

競技種目 ＼ すべり抵抗値 (C.S.R)	すべる ← 0.2	0.4	C.S.R 0.6	0.8	→ すべらない 1.0
バスケットボール			○		
バドミントン				○	
バレーボール			○		
卓　球			○		
フェンシング			○		
硬式テニス			○		
一　般（エアロビクスを含む）			○		

○：最適値　▨：許容範囲（例）
すべりの最適値および許容範囲（例）（屋内体育館の場合）

文献出所：東京工業大学建築学科教授
工学博士、小野英哲
小野研究室の資料による。

〔2〕体育館用鋼製床下地構成材（JIS A6519）

(1) 性能基準

（ア）適用範囲

　この規格は体育館に使用する鋼製床下地構成材（以下構成材という）について規定する。

　ここでいう体育館とは、一般体育館、柔道場、剣道場及び柔剣道場をいう。また、この体育館の床には［過大な荷重を負荷する床（多目的床など）］は、含まないものとする。

　鋼製床下地構成材とは、支持脚、大引、根太、床パネルなどの主要部材で構成されたものをいう。

　なお支持脚とは、支持台、調整ボルト、ナット、支持板、緩衝材などのいずれかで構成されたものをいう。

（イ）各部の名称

　構成材の各部の名称は次の通りとする。

　組床式にあっては、支持脚（緩衝材、調整ボルトなどを含む）・大引・根太などの各々の部材から構成される。また置き床式にあっては、支持脚（緩衝材、調整ボルト、支持板などを含む）・床パネルなどの各々の部材から構成され各々の名称が定められている。

（ウ）種類と記号

①構成による区分

　構成による区分及び記号は、下表のとおりとする。

構成による区分

区分	記号	備考
組床式	F	支持脚、大引、根太などを組み合わせて構成するもの。
置き床式	S	支持脚及び床パネルなどを組み合わせて構成するもの。

②使用目的による区分

　使用目的による区分及び記号は、下表のとおりとする。

使用目的による区分

区分	記号	備考
一般体育館用	G	通常の体育館の床の構成材として使用するもの。
柔道場用	R	柔道場の床の構成材として使用するもの。
剣道場用	K	剣道場の床の構成材として使用するもの。
柔剣道場用	R・K	柔道場及び剣道場に兼用される床の構成材として使用するもの。

（エ）品質

　構成材の品質は次による。

①組み立てられた構成材は、使用上支障のあるねじれ及び変形があってはならない。

②調整ボルトは、接する床基盤の不陸高さの調整ができるものでなければならない。

③構成材の鋼材の呼び厚さは、大引にあっては1.6mm以上、根太にあっては1.2mm以上、床パネルにあっては、合板、パーティクルボード、サンドウィッチ合板などを用い、その厚さは支持板を含め20mm以上とする。

④緩衝材は、防振ゴム、金属製スプリング、ダンパーなど十分な耐久性を有するものとする。

⑤構成材は、適用試験項目によって試験を行い、次頁以降に記載した性能に適合しなければならない。

（オ）構成及び加工

　構成材の構造及び加工は次による。

①構成材は、主要部材の結合が堅固であり、がたつき及び緩みの生じないものでなければならない。

②大引、根太及び床パネルの接合部は、仕上材の取付けた支障のある目違いがあってはならない。

③各部材の防せい処理は次による。

　　a. 構成材に使用する鋼板及び附属部品にあっては、両面にJIS G3302に規定するZ12以上の溶融亜鉛めっき、JIS G3321に規定するAZ90以上の溶融55％アルミニウム—亜鉛合金めっきを施したもの、又はこれと同等以上の防せい処理をしたものでなければならない。

　　b. 調整ボルト・ナット及びねじ類は、JIS H8610の1級以上、JIS H8625に規定するCM1A以上、又はこれと同等以上の防せい処理を施したものでなければならない。

（カ）部材の形状・寸法及び許容差

　部材の形状、寸法及び許容差は次による。

①構成材の大引、根太及び床パネルのモジュール呼び寸法は下表のとおりとする。

大引及び根太のモジュール呼び寸法（単位mm）

部材	長さ（L）
大引	1,800、2,700、3,600、4,500、5,400、6,000
根太	1,800、2,700、3,600、4,500、5,400

床パネルのモジュール呼び寸法（単位mm）

床パネルの幅（W） ＼ 床パネルの長さ（L）	900	1,800
450	○	○
600	○	○
900	○	○

②構成材の製品寸法は、組床式にあっては、前頁の表に示す大引及び根太のモジュール呼び寸法に対し±100mm、置き床式にあっては、前頁の表に示す床パネルのモジュール呼び寸法に対し±50mmの範囲とする。
③構成材の製作寸法の公差は、JIS A0003に準ずる。
④構成材の高さは、床基盤から根太上端又は置き床パネルの上端までの寸法とし、これを300、600、900及び1,200mmとする。その調整しろは±150mmとする。

（キ）材料
　構成材に使用する材料は、次のとおりとする。
①主な部分に使用する材料は、右表又はこれと同等以上の品質をもつものとする。
②調整ボルト・ナットなどに合成樹脂を用いる場合は、合成樹脂の強度試験によって試験を行い、下表に適合する材料とする。

材料

主要部材		規格
床パネル		JIS A5908に規定する18MR1（M）F☆☆☆☆若しくは18MR1（M）F☆☆☆、又は18MR2（P）F☆☆☆☆若しくは18MR2（P）F☆☆☆ 合板の日本農林規格に規定する1類でホルムアルデヒド放出量がF☆☆☆☆、又はF☆☆☆
大引 根太 支持台		JIS G 3101（一般構造用圧延鋼材）、JIS G 3131（熱間圧延軟鋼板及び鋼帯）、JIS G 3141（冷間圧延鋼板及び鋼帯）、JIS G 3302（溶融亜鉛めっき鋼板及び鋼帯）、JIS G 3321（溶融55％アルミニウム－亜鉛合金めっき鋼板及び鋼帯）、JIS G 3350（一般構造用軽量形鋼）、JIS G 3444（一般構造用炭素鋼鋼管）、JIS G 3466（一般構造用角形鋼管）
支持板		JIS A5908に規定する18MR1（M）F☆☆☆☆若しくは18MR1（M）F☆☆☆、又は18MR2（P）F☆☆☆☆若しくは18MR2（P）F☆☆☆ 合板の日本農林規格に規定する1類でホルムアルデヒド放出量がF☆☆☆☆、又はF☆☆☆ JIS G 3141，JIS G 3302，JIS G 3321
調整ボルト及びナット		JIS G 3505（軟鋼線材）
緩衝材	金属製スプリング	JIS G 3506（硬鋼線材）、JIS G 3521（硬鋼線）、JIS G 4801（ばね鋼鋼材）
	防振ゴム	JIS K 6386（防振ゴム-ゴム材料）に規定するA種

性能

性能項目		床の用途 一般体育館	剣道場	柔剣道場 剣道用	柔剣道場 柔道用	柔道場	備考	
鉛直載荷たわみ		14.7kN/㎡｛1,500kgf/㎡｝載荷時、各点の最大たわみ量は20mm以下。各点の最大残留たわみ量は1.5mm以下。				14.7kN/0.81㎡｛1,500kgf/0.81㎡｝載荷時、床に耐力上異常のないこと。各点の最大残留たわみ量は1.5mm以下。	柔道場の試験は、合板（900×1800×15mm）を設置して行う。	鉛直載荷試験
繰返し衝撃性		使用上有害な破壊・緩み・外れのないこと。					柔道場の試験は、緩衝体（H₁）を設置して行う。	繰返し衝撃試験
弾力性	弾力性値（Y）	最高値が1.378～0.0 最低値が1.378～-0.2		—		—	—	床の弾力性試験
	緩衝効果値（U）	15～40		—		—	—	
	振動の減衰時間（TᵥD）	0.45秒以下	0.6秒以下	(1)		—	—	
緩衝性	緩衝性値（UJ）	—	—	—		変形エネルギーN・cm｛kg f・cm｝ 熟達者3,920～7,350｛400～750｝ 初心者5,635～7,350｛575～750｝	緩衝体H₁、H₂及びH₃それぞれについて行う。	床の緩衝性試験
	硬さ（Gs）	B点で980 m/s²以下		B点て637 m/s²以下			柔道場の試験は、緩衝体（H₁）を設置して行う。	床の硬さ試験
耐久性	塩水噴霧	さび、塗膜の浮き、塗膜のはがれ、又は素地に対して有害と判断できる表面処理の変化があってはならない。					—	支持脚に用いられる金属部品の塩水噴霧試験
	亜鉛の付着量	溶融亜鉛めっき鋼板及び鋼帯：3点平均最小付着量（両面の合計）120g/㎡以上、1点最小付着量（両面の合計）102g/㎡ 溶融55％アルミニウム-亜鉛合金めっき鋼板及び鋼帯：3点平均最小付着量（両面の合計）90g/㎡以上、1点最小付着量（両面の合計）76g/㎡以上					—	亜鉛の付着量試験

INDOOR
SPORTS
FLOOR

ボルト・ナットなどに用いる耐久性	亜鉛のめっきの厚さ：めっきの最小厚さ 2μm 以上 クロメート被膜の質量：単位面積当たり被膜質量 0.5g/㎡ 以下	—	調整ボルト・ナット及びねじ類の亜鉛のめっき厚さ試験、クロメート被膜の質量試験
ボルト・ナットなどに用いる合成樹脂の強度	引張強さ7.35 kN/㎠以上 引張破壊呼びひずみ17.5%以上(2) 曲げ強さ9.80 kN/㎠以上 圧縮強さ7.35 kN/㎠以上	—	ボルト・ナットなどに用いる合成樹脂の強度試験
大引、根太及び床パネルの形状安定性	横曲がり(mm)	—	大引、根太、床パネルの形状安定性試験
	反り(mm)　$\frac{2\ell}{1000}$ 以下	—	
	床パネルの反り(mm)	—	

注(1) 振動の減衰時間(Tᵥᴅ)はできるだけ短い方がよい。

参　考

JISで使用する主なSI単位

量の名称	規格の特性値名称	SI単位				従来単位の記号
		記号	読み方	定義	実用記号	
質量	質量	kg	キログラム		kg	kg
力	荷重	N	ニュートン	$1N=1kg\cdot m/s^2$	N,kN	kgf
応力	引張強さ、降伏点、耐力	N/㎟	—	$1N/㎡=1Pa=10^{-6}N/㎟$	N/㎟	kgf/㎟
圧力	水圧、空圧	Pa	パスカル	$1N/㎡=1Pa=10^{-6}N/㎟$	MPa	kgf/㎠
エネルギー	吸収エネルギー	J	ジュール	$1J=1N\cdot m$	J	kgf・m
	シャルピー衝撃値	—	—	$1J/㎡=1N\cdot m/㎡$	J/㎠	kgf・m/㎠

従来単位からSI単位への換算

特性値の名称	換算式	数値の丸め方
荷重	$A(N)=9.80665\times B(kgf)$	有効数字3桁に丸める。
引張強さ、降伏点、耐力、高温耐力	$A(N/㎟)=9.80665\times B(kgf/㎟)$	整数に丸める。
水圧、空圧	$A(MPa)=0.0980665\times B(kgf/㎟)$	小数点以下1桁に丸める。
シャルピー吸収エネルギー	$A(J)=9.80665\times B(kgf\cdot m)$	整数に丸める。
シャルピー衝撃値	$A(J/㎠)=9.80665\times B(kgf\cdot m/㎠)$	整数に丸める。

SI単位から従来単位への換算

特性値の名称	換算式
荷重	$A(kgf)=B(N)\div 9080665$ $=B(N)\times 0.101972$
引張強さ、降伏点、耐力、高温耐力	$A(kgf/㎟)=B(N㎟)\div 9.80665$ $=B(N㎟)\times 0.101972$
水圧、空圧	$A(kgf/㎠)=B(MPa)\div 0.0980665$ $=B(Mpa)\times 10.1972$
シャルピー吸収エネルギー	$A(kgf/m)=B(J)\div 9.60665$ $=B(J)\times 0.101972$
シャルピー衝撃値	$A(kgf\cdot m/㎠)=B(J/㎠)\div 9.80665$ $=B(J/㎠)\times 0.101972$

（2）組床式の標準施工

組床式の標準的な施工方法は次に示すとおりである。

（ア）基準墨出し

床基盤（床コンクリート面）をよく清掃し基準墨出しを行う。基準墨は設計図及び施工図に基づき所定の間隔により支持脚や大引等の位置と割付を行い墨出しする。また体育器具基礎、点検口、出入口等の関係する墨出しも行う。

壁側などの支持脚は所定（大引300mm以内、根太200mm以内）の位置に割付する。

※根太のはね出しはメーカー仕様による。

床の高さは建物の基準レベル墨に基づき施工図の納まり等を確認して所定の床の高さや構成材の位置の墨出しを行うものとする。

一般体育館

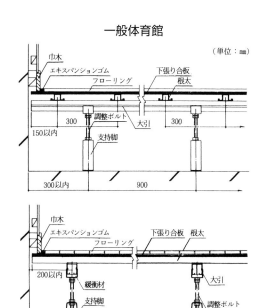

剣道場

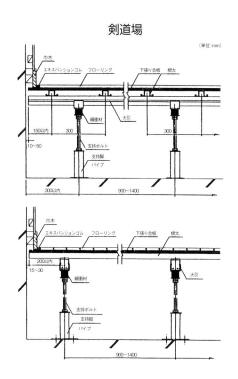

柔道場

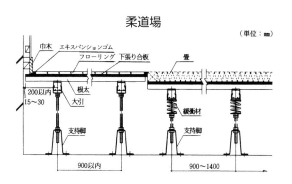

柔剣道場

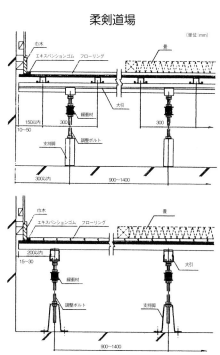

（イ）支持脚の固定

　支持脚の固定は基準墨に従って、固定鋲又はアンカーボルトなどによって堅牢に固定する。

　固定鋲は釘打機で床基盤に打ち込むものとする。

　また、この工法については各々の規定に準拠し施工する。

①固定鋲（固定ピン）による工法

　固定鋲による工法は支持脚、1脚当り2本以上の所定の寸法、形状の鋲（ピン）で床基盤に固定する。

②アンカーボルトによる工法

　アンカーボルトによる工法は床基盤にコンクリートドリルなどで穴空けし支持脚、1脚当り1本又は2本で所定の寸法、形状のアンカーボルトで床基盤に固定する。

③支持脚の配列と配置

　支持脚の配置の間隔はタテ、ヨコ、一般体育館@900mm、その他使用目的により900〜1,400mm程度にし配列は各列とも等間隔または千鳥の配列・配置によって施工する。

　但し壁側及び補強部分などの間隔は⑥900mm以下とする。

④支持脚の組立

　支持脚への調整ボルト、緩衝材などの取付金物は事前に組立て、セットを行うものとする。

（ウ）大引の取付

　大引の割付は所定の間隔@900mm程度とし均等に配置する。

　また取付は各々の仕様と工法により確実に取付ける。

　大引の水平は、水平器、水準器又は水糸等で測定し支持脚の調整ボルトなどにより調整を行い、大引の水平をすべて確認し調整ボルト・ナット及び取付金物等で固定する。また壁側等の間隙（10mm〜50mm）を設けて施工する。

一般体育館

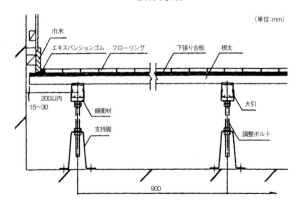

（エ）レベルの確認

　構成材の床組は、全体の水平を確認して調整が必要な場合は調整を行い、正しいレベルを確保する。

（オ）根太の取付

　根太の割付は所定の間隔@300mm程度とし、均等に配置する。

　また取付は各々の仕様と工法により確実に固定する。

　壁側等の間隙（15mm〜30mm）を設けて施工する。

　また根太のはね出しは200mm以内とし壁際の根太は大引の先端より150mm以内に設けること。

※根太のはね出しはメーカー仕様による。

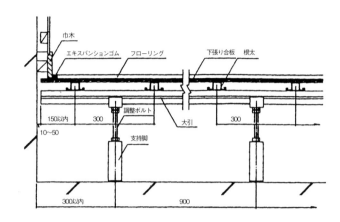

一般体育館

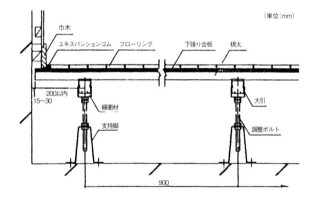

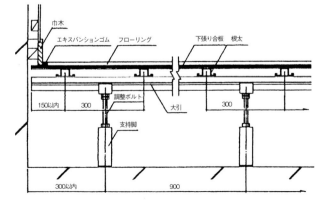

（カ）点検・検査
　構成材の施工完了後における点検・検査は下記の項目により行うものとする。
①設計図及び施工図に基づく施工範囲の検査
②床の高さ
③床の水平レベル
　　（参考）水平精度は床全体の公差±5mm以内とする。但し、局部
　　　　　的な周辺部（出入口など）からくる制約による誤差は除く。
　　　　　また、柔道場の畳部分は、除くものとする。
④周辺部との取合い及び間隙等の検査
⑤がたつき及び緩みの点検
⑥目違いの点検（特に畳との段差などの目違い点検に配慮すること）
⑦必要な補強場所の点検
⑧その他これらに付帯する事項の点検と検査

（キ）養生
　床下地構成材の性能を損なわないように次の事項を厳守する。
①重量物を集中的に載せないように配慮する。工事用の部材は分散して集積する。
②重量物等による衝撃や外力を加えないようにする。
③水や湿気の侵入を防ぐこと。

（ク）次工程

```
┌ ─ ─ ─ ─ ─ ─ ─ ─ ─ ─ ─ ─ ─ ─ ─ ─ ┐
│                                  │
│  ①使用目的の区分により、次工程へ移行する。      │
│   ・一般体育館、剣道場、柔剣道場（剣道用）       │
│    フローリング、下張り施工               │
│   ・柔道場                        │
│    下張り施工                      │
│  ②その他                         │
│                                  │
└ ─ ─ ─ ─ ─ ─ ─ ─ ─ ─ ─ ─ ─ ─ ─ ─ ┘
```

（3）置き床式の標準施工
　置き床式の標準的な施工要領は次に示すとおりである。
（ア）床パネルの配置と高さの確認
　床パネルの施工に際し水平の基準墨などにより床の高さとなる基準を確認する。
　また床パネルの高さは仕上材と下張り合板の厚さを差し引いた高さが床パネルの天端として統一して施工する。

一般体育館

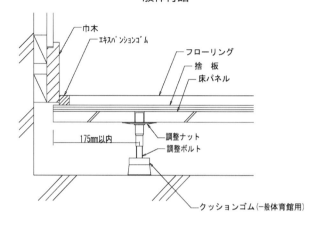

柔剣道場

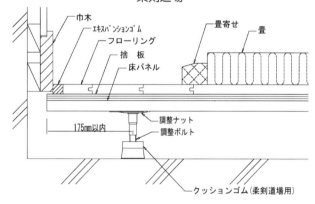

（イ）床パネルの支持脚・取付
　調整ボルトにクッションゴムを取り付ける。
　セットした支持脚を床パネルに所定のビスで堅牢に固定する。

（ウ）床パネルの配置
　床パネルの組立て完了のものから割付図に基づき壁側より順に1列ごとに配置する。また所定の枚数毎に水準器等で基準高さを確認して施工する。
　壁側などに接する部分は必ず、10mm〜30mm程度の間隙をとる納まりとする。
　また体育基礎や出入口等の廻りは必要に応じて支持脚の増設を行うものとする。

（エ）レベル調整と支持脚の固定

　床パネルのレベル調整は、基準墨を基に水糸を張り調整を行い、基準となる床パネルの列を定め、それより次列の床パネルのレベルを調整する。床パネルのレベルは正確に取り，最終の調整と点検は必ず行なうようにする。

　また、調整ボルトは調整範囲内で使用する。

　レベル調整終了後，緩み防止のためロック剤を塗布する。

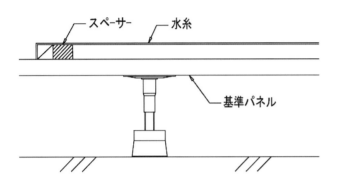

（オ）点検・検査

　構成材の施工完了後における点検・検査は下記の項目により行うものとする。

①設計図及び施工図に基づく施工範囲の検査

②床の高さ

③床の水平レベル

　（参考）水平精度は床全体の公差±5mm以内とする。但し、局部的な周辺部（出入口など）からくる制約による誤差は除く。また、柔道場の畳部分は除くものとする。

④周辺部との取合い及び間隙等の検査

⑤がたつき及び緩みの点検

⑥目違いの点検（特に畳との段差などの目違い点検に配慮すること。）

⑦必要な補強場所の点検

⑧その他これらに付帯する事項の点検と検査

（カ）下張りの施工

①接着剤塗布

　床パネル面を清掃し所定の接着剤（F☆☆☆☆）を全面に塗布し下張り合板等を張る。また塗布量は所定（約300g／㎡程度）の規定により施工する。

②下張り合板等の施工

　床パネルの目地部にまたがるように下張り合板等を長手方向に直角に向け、千鳥状に張る。

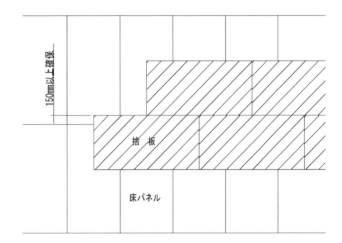

③釘打ち

　下張り合板の釘打ちは、合板1枚（900×1,800mm）につき5本×5〜6列＝25〜30本とする。

（使用する釘は ℓ＝35mm以上のスクリュー釘とする）

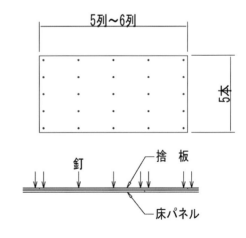

④複合フローリング（大型積層タイプ）を下張り合板を省略して直張りする場合、床パネルは厚25mm以上とする。

（キ）養生（34頁の（キ）に準ずる）

（ク）次工程（35頁の（ク）に準ずる）

（4）設計上における留意事項

（ア）JISの使途別における設計上の選定

　体育館等の床の設計上、使途別に要求される性能を選択し仕様、構法を決定する。

（イ）JIS製品の評価

　製品は、床の下地から仕上げまでのトータルシステムであり、その評価を十分に行い設計する。

（ウ）設計上の細部の留意点

①設計上、特に重要なことは、屋内外の換気口を設置する。

②ステージなどの床下部の設計は、必要に応じ配慮した補強を行う。

③JISの製品の各部（壁側、地窓、出入口部など）の納まりや取り合いの設計には注意が必要。

（エ）所定の設計荷重を超えないよう設計する。

（オ）多目的に使用する体育館等の設計は特別な仕様、構造の製品によって設計する。

（カ）設計にあたっては、JISに定められている各事項をよく読んで、正しく設計する。

（5）施工上の注意事項

（ア）床基盤のコンクリートは、所定の強度を確保する。

　（強度18N/mm²以上）

（イ）コンクリートは所定の養生期間が確保され乾燥も十分に行う。（コンクリート打設後10日以上経過していること。）

（ウ）床基盤の仕上げは、大きな突起・不陸がないようにする。

（エ）床下に湿気だまりが生じないよう考慮する。

（オ）構成材の主要部材の固定や接合は確実に堅牢に施工する。（特に支持脚の固定は、所定の位置に正確に取付ける。）

（カ）所定の性能を確保するため、ボルトナット、ビス及び固定金具などは確実に固定し、がたつき及び緩みの生じないように行う。

（キ）建物躯体と床端部（鋼製床構成材）には適切な間隔をとる。

（ク）床下地の水平精度は仕上材の施工に支障とならないよう配慮する。

（ケ）特殊な納まり部分の補強は、十分に考慮する。

（コ）施工にあたっては、体育館床工事標準施工要領書をよく読んで、正しく施工する。

（サ）水平精度は仕上材の施工に支障とならないよう適切に行う。（施工精度は±5mm以内とする。但し、畳部分は除く。）

（シ）特殊な納まり部分の補強などに十分考慮する。

（ス）特殊な床の設計は個別に検査する。

（セ）柔道場の施工に際してフロア（回廊などのフロア）面と畳面との段差に注意して施工する。

（ソ）その他の標準施工に必要な事項は、各社の施工マニュアルによる。

（6）取扱注意事項

　取扱事故防止のため下記事項をよく読んで、正しく使用すること。

警　告

（ア）搬入時、資材の落下やずり落ちによるケガを防ぎ、腰を痛めないようにする。

　（現場での小運搬は無理のないよう注意する。）

（イ）鋼材の切り口は鋭利であり、また、切断時にはバリも生じ易いので、手を傷つけないようにする。

　（軍手等の保護手袋を着用する。）

（ウ）素手による取扱い、または素肌の露出部はケガをするおそれがあるので注意する。

　（素肌はなるべくさけるような服装にする。）

（エ）梱包用スチールバンドおよび針金等の切断時のはねあがり等によるケガが生じるので注意する。

　（梱包をとく場合は状況判断して作業をする。）

（オ）搬入時や保管時について次のような事項に注意すること。

①原則として、屋内の湿気をよばない場所に保管する。（やむを得ず屋外に置く場合には防水シート等をかける。）

②製品は、地面に直接置かないで平らなところにかい木をして水平に置き、積み重ねる場合は桟木を施して荷崩れをおこさないように置く。

③クレーン荷揚げ等の運搬に際しては、布製平型吊りバンドを使用するなど製品の角や表面の損傷に注意する。

④製品の上に重い物を乗せたり衝撃をあたえない。

（カ）体育館床、スポーツフロアの使用上で特に次のような事項に注意すること。

①重量物の移動にあたっては、床面に十分な保護処理を施し、必要に応じ補強を行う。

②重量物等による衝撃や外力をあたえない。

（キ）体育館床、スポーツフロアの目違い、がたつき、段差、破損等が発生した場合は、早目の手当（補修、改修）と措置を行う。

（ク）その他

〔3〕柔道場の性能基準

　柔道場の性能は、柔道畳と鋼製床下地構成材の複合された性能であり、体育館用鋼製床下地構成材JIS A6519では、下表のように規定されている。

柔道場の性能表（JIS A 6519より抜粋）

性能項目		柔道場性能値	備考
鉛直載荷たわみ		14.7kN／0.81㎡ {1,500kgf／0.81㎡} 載荷時に床に耐力上異常のないこと。 各点の最大残留たわみ量は1.5mm以下。	柔道場の試験は合板（900×1,800×15mm）を設置して行う。
繰返し衝撃性		使用上有害な破壊, 緩み, 外れのないこと。	柔道場の試験は緩衝体（H₁）を設置して行う。
緩衝性	緩衝性値（UJ）	変形エネルギーN・cm {kgf・cm} 熟達者　3,920〜7,350 {400〜750} 初心者　5,635〜7,350 {575〜750}	緩衝体 H₁、H₂ 及び H₃ それぞれについて行う。
硬さ（Gs）		B点で637 m/s² 以下（注）	柔道場の試験は緩衝体（H₁）を設置して行う。

（注）B点とは試験体で最も硬い支持脚近傍の位置を示す。

　ここで緩衝体とは、畳にあたる部分を称しており、下図に示す構造とし、下表の3種類を定めている。

緩衝体

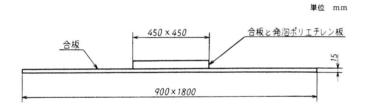

緩衝体の種類

緩衝体	緩衝性値（UJ）N・cm {kgf・cm}
H₁	3,234〜3,626 {330〜370}
H₂	4,116〜4,508 {420〜460}
H₃	5.194〜5,586 {530〜570}

組床式構成材の測定点（例図）

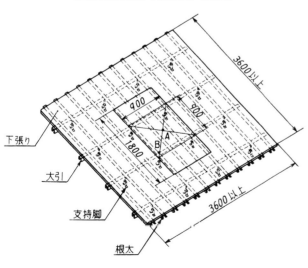

置き床式構成材の測定点（例図）

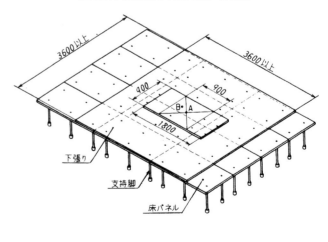

柔道場としての柔らかさの程度は、H1は現在存在している畳の中で緩衝性能がかためのものと同じで、わら畳に相当し、H2は中間のかたさのもの、H3は柔らかめのもので、H2及びH3は化学畳に相当する。

　緩衝体は、柔道場の床の繰返し衝撃性試験、柔道場及び柔剣道場（柔道用）の床の緩衝性試験及び硬さ試験に用いるもので前頁の図に示す。緩衝体の種類は実情の柔道用畳の緩衝性に対応できるようにH1、H2、H3の3種類とした。

　なお、緩衝体は安全性の観点から、緩衝性だけを体育館用鋼製床下地構成材の性能試験用に近似されたものであり、耐久性、使用感などは考慮外としたもので、実際の畳などとは異なるものである。

　緩衝体の構成例及び使用材料の一例を下図及び表に示す。

緩衝体の構成例

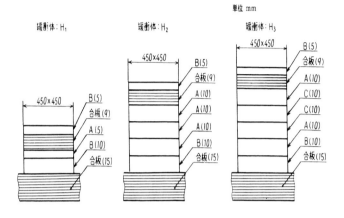

緩衝体の種類（例）

種類	材料	密度 kg/m³	圧縮硬さ MPa
A	発泡ポリエチレン	72	0.206
B	発泡ポリエチレン	125	0,196
C	発泡ポリエチレン	33	0.039

床の緩衝性測定装置

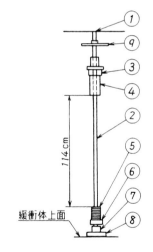

番号	名称
1	変位測定位置
2	おもり誘導管（直径27mm）
3	電磁石
4	おもり（10.5kg）
5	ゴムばね（外径80mm,内径30mm，厚さ75mm,ショアA硬度10）
6	受け板（直径100mm）
7	荷重変換器
8	荷重板（直径200mm）
9	支持板

床の固さ測定装置（ヘッドモデル）

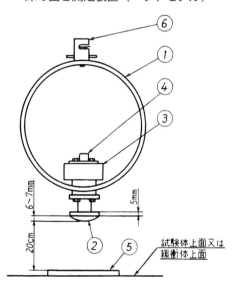

番号	名称
1	鋼製フレーム（外径216.3mm，厚さ8.2mm，幅40mm）
2	鋼製ヘッド（曲率半径50mm，直径50mm）
3	おもり（1.34 kg）
4	加速度計
5	ゴム板（厚さ8mm，ショアA硬度37，大きさ300×150mm）
6	つり金具

〔4〕遮音フロアの性能基準

（1）体育館で発生する音

スポーツ施設では、観客の声援や、場内のアナウンス等大きな音か発生する。

また、重層式（2階以上に体育館が設置され、階下に集会室や教室等の室が位置する時）の場合には、スポーツ競技中に発生する床衝撃音が階下に対し騒音として発生する。

このように体育館では注意を要する種々の音があるが、特に下記の項目が重要といえる。

- 階下へ伝わる騒音 ：床衝撃音遮断性能
- 体育館内での音響 ：室内の音響特性
- 体育館外部への騒音 ：遮音性

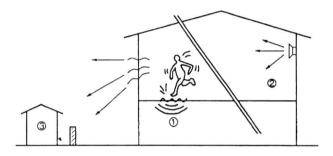

（2）床衝撃音遮断性能

（ア）床衝撃音遮断性能

スポーツ競技時のジャンプやダッシュ等により、階下の室で「ドン・ドン」というような騒音が発生することがある。

これは床に加わった大きな衝撃が、建物躯体を伝わり、階下で騒音となる『固体伝播音』が主と考えられている。

人間の衝撃（床）
↓
躯体の振動
（壁,天井含む）
↓
階下の騒音

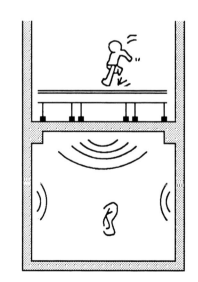

（イ）床衝撃音遮断性能の測定方法

床衝撃音遮断性能の測定方法については、JIS A1418「建築物の現場における床衝撃音レベルの測定方法」で定められており、定められた音源で階上の床に衝撃を与え、階下で騒音計等を使用した音の測定・分析を行う。

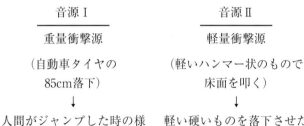

音源Ⅰ	音源Ⅱ
重量衝撃源	軽量衝撃源
（自動車タイヤの85cm落下）	（軽いハンマー状のもので床面を叩く）
↓	↓
人間がジャンプした時の様な衝撃音を発生させる。	軽い硬いものを落下させた時のような衝撃音を発生させる。

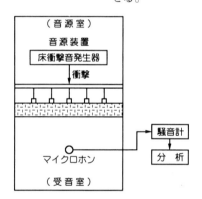

（ウ）床衝撃音遮断性能の評価方法

床衝撃音遮断性能の評価方法については、JISにより等級づけされており、又建築学会ではそれに基づき推奨値が提示されている。

①JISの遮音性能について

JIS A1419「建築物の遮音等級」で定められており、次のように評価する。

- 測定したデータを音の高低（周波数）毎に次頁の図のようにグラフに転記
- 次に測定したグラフ（太線）があらかじめ記入してある基準曲線（点線）を全ての周波数帯域で下まわる所を選び、その値を遮音等級と呼ぶ。
（但し、各々の測定値から2dBを減ずることができる。）

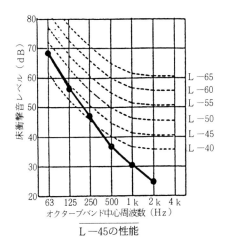

L－45の性能

学校建築における室相互間の遮音性能等の1級・推奨標準相当の基準値と重要度（日本建築学会）

音源室	発生音の種類	dB（A）発生騒音レベル	受音側の室名						
			普通教室	音楽教室	視聴覚教室	図書室	理科・図画室等	職員室	会議室
体育館	歓声 運動音 拡声音	70～80 80～95 80～90	L－45	L－40	L－45	L－45	L－50	L－45	L－45
受音側の許容騒音レベル dB（A）			40～45	35～40	35～40	35～40	40～45	40～45	40～45

②日本建築学会の適用等級について

　日本建築学会では階下の使用状態（騒音の影響度）毎に下表の適用等級を定めている。

適用等級の意味（日本建築学会）

適用等級	遮音性能の水準	性能水準の説明
特　級	遮音性能上とくにすぐれている	特別に高い性能が要求された場合の性能水準
1　級	遮音性能上すぐれている	建築学会が推奨する好ましい性能水準
2　級	遮音性能上標準的である	一般的な性能水準
3　級	遮音性能上やや劣る	やむを得ない場合に許容される性能水準

（エ）学校建築における室相互間の遮音性能の目安

　日本建築学会では学校における上下階の室の配列毎に「学校建築における室相互間の遮音性能等の1級・推奨標準相当の基準値と重要度」を提案している。

　この中で上階が体育館のある場合は参考として次表となる。

（オ）建物のコンクリートスラブと遮音性能

　床衝撃音遮断性能は建物躯体の構造に大きく依存しその主な要因としては床スラブの厚さ、密度、ヤング係数、スラブの寸法、スラブ面積、四周の拘束条件、更には下室の吸音力等があげられる。

　この中で体育館で特に注意が必要な重量衝撃音をスラブ厚、面積の関係については下表が提案されている。

スラブ厚・スラブ面積と重量衝撃源に対する遮音等級の目安（日本建築学会）

スラブ厚(mm)	スラブ面積（㎡）									
	12	15	20	25	30	35	40	45	50	60
120	L-55	L-60	L-60	L-65	L-65	L-65	--	--	--	--
130	L-55	L-55	L-60	L-60	L-65	L-65	L-65	--	--	--
140	L-50	L-55	L-55	L-60	L-60	L-65	L-65	L-65	--	--
150	L-50	L-55	L-55	L-60	L-60	L-60	L-60	L-60	L-65	L-65
160	L-50	L-50	L-55	L-55	L-60	L-60	L-60	L-60	L-65	L-65
180	L-45	L-50	L-50	L-55	L-55	L-60	L-60	L-60	L-60	L-60
200	L-45	L-45	L-50	L-50	L-55	L-55	L-55	L-60	L-60	L-60
230	--	L-45	L-45	L-50	L-50	L-55	L-55	L-55	L-60	L-60
250	--	--	L-45	L-50	L-50	L-50	L-55	L-55	L-55	L-60

（注）普通コンクリートスラブ、四周大梁支持スパン比1.0～1.5程度

（カ）床及び天井の床衝撃音への影響について

　床衝撃音遮断性能は上階のスポーツ床の構造や階下の天井によって性能が低下することがある。

　このような場合、以下の方法により性能の低下を防止し、更には性能を向上させることが可能である。

①床　　・床板の剛性を高くし防振支持の床構造とする。
　　　　・H鋼・角型鋼などを用い躯休の梁の上で床を防振支持する。

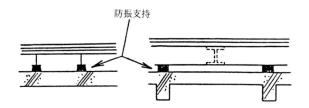

②天井　・天井材をできるだけ長くした上で、防振支持し、天井フトコロをできるだけ十分にとって且つ吸音材として多孔質材料を投入する。
　　　　・天井を梁から吊る方法も有効である。

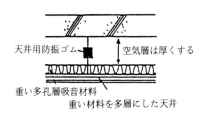

（3）体育館内での音の特性
（ア）体育館内での音響特性
　体育館は、講演会場等として多目的に利用されることもあり、この時の音が室内に良い響きで明瞭に聞きとれることが必要である。
　この性能を表わす値としては室内の残響時間が上げられるが、一般的には体育館は室容積が非常に大きく、客席数はその割に少ないので長くなりがちである。
　尚、最適残響時間は提案者によりかなり幅があるが以下に一例をあげる。

室容積と残響時間（平均吸音率）の関係
「学校施設の音環境保全規準・設計指針」日本建築学会編

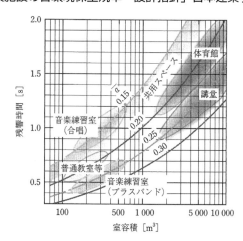

（イ）残響時間が長い場合について
　体育館の室内音響上で発生する問題として、次のような項目が上げられる。

・音が響いて話しにくい、聞きとりにくい。
・特定の音が強調され響く
・室内の場所によって聞こえ方が異なる。

　これらの多くは室の吸音性能に起因し、室内で発生した音の反響が大きく影響している。
　従って、室内の吸音力を考え残響時間を短くする等の検討が必要である。
　尚、既存の建物については吸音材の設定等で対策する方法かおる。（このためには現状の測定、検討が必要。）

・その他音響設備等の検討も重要

（4）体育館外部への音もれ
　声援の声、アナウンス等の音は空気を伝わり（空気伝播音）、体育館の壁、天井、窓を通り抜け（透過音）屋外へ騒音として伝わる。
　この時、音の大きさによっては近隣の民家より苦情の出ることも考えられる。

　体育館内の発生音レベル：70〜95dB（A）

　特に夏場において窓を開放した場合、音が直接伝播するので、室内の換気を考慮した上で、窓を閉めた状態での使用も必要な場合がある。

（5）参考資料
（ア）音の高低と大きさ
　参考として我々の身のまわりで発生している音の高低とその大きさ（騒音レベル）にどのようなものかあるかを下記にあげる。

　騒音レベル：人間の耳は同じ大きさの音でも、その音の高低［周波数］によって感じ方が異なり、高い音の方が大きく感じる。このため騒音計の中に人間の耳の感じに適合するような補正回路を設けており、この回路で測定したものである。

（イ）計画対象別の計画段階毎の音響的指針
　一般的に音については建築の計画、設計段階毎に検討が実施されるが、参考までにどのような項目が検討されているかについてまとめてある「計画対象別の計画段階毎の音響的指針」を上げておく。

音の高低

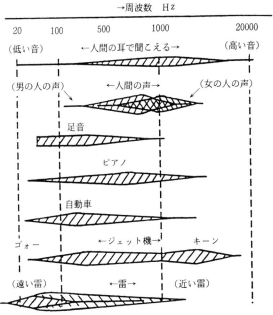

種々の環境の騒音レベルとうるささの程度

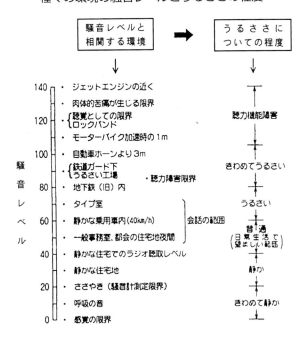

計画対象別の計画段階ごとの音響的指針

計画対象＼計画過程		発生源又は発生場所	敷地選定方針	配置・平面計画的対策	構法計画的対策	設備計画的対策	備考
敷地外	騒音を学校が受ける場合	幹線道路、高速道路鉄道、航空機、工場、地域全体、建設工事	近接地は避け、十分な距離をとる	運動場など騒音に強い部分を発生源側に置く	必要に応じて気密型や二重サッシを用いる	騒音対策上、密閉構造となる場合は冷房換気設備を設ける	道路騒音は継続性で、航空機騒音はピークレベルの高さで問題となる
	騒音を学校が出す場合	通学路、運動場、特別教室、プール、体育館	周囲に道路があり極端に静かでないところ	発生源を遠くへ置き、校舎などで遮蔽する	同上のほか、へいなども用いる	校庭のスピーカの配置を内側へ向ける	校庭・運動場の騒音、特にスピーカ音が問題
敷地内の外部	騒音を建物が受ける場合	運動場、校庭	十分な面積をとる	発生音が小さく、騒音に強い建物で遮蔽する	必要に応じて窓の遮音性を高める	特になし	通常はほとんど問題にならない
	騒音を建物から出す場合	通路、運動場、体育館、特別教室、設備機器	十分な面積と、地形および高低差など	発生源建物で中庭状にとり囲むのを避ける	体育館等の窓の遮音性を高める、消音器の取付けなど	発生騒音の小さい設備を選定する	外部よりも内部で問題になる
建物内部	騒音の被害を受ける側の室の場合	保健、図書、放送、視聴覚、音楽室	特になし	発生音の小さいものをまとめて隔離する	壁、床の遮音性を高め、室内の吸音力を増大する	冷房換気設備を原則として設ける	被害だけ受ける室と加害性ももつ室があるので要注意
	騒音を出す側の室の場合	体育館、工作、音楽、家庭科、給食室、廊下	特になし	同上のほか、振動を伴うものが多いのでなるべく下階へもってくる	防振浮床、遮音壁防音サッシなどを採用する	換気、排気設備を設ける	固体音に特に注意することが必要、自室内のレベルも問題となる
室内	内部騒音の大きい室の場合	体育館、工作、家庭科、給食室、廊下	特になし	容積を小さく吸音面を多くとれるような配慮	床等のダンピングや室内の吸音力の増加を図る	発生音の小さい機器を選定する	体育館の床音や工作機械音が問題になる
	室内の音の響きを問題にする場合	講堂、音楽、視聴覚、放送、教室	特になし	十分な容積をとり拡散性のよい室形とする	適当な吸音力をとり、その配置にも注意する	拡声装置などを用いる	特に体育館兼用の講堂やオープンプラン教室の場合が問題となる

5. 屋内スポーツフロアの維持管理

〔1〕スポーツフロアの劣化と維持管理の重要性

　体育館の機能の中で、床の持つ役割は最も重要なものである。木製床はスポーツ用として最適であるといわれており、現在大部分のスポーツフロアには木製床が使われている。

　しかし、床の施工が完全なものであっても、その後の維持管理が不適当であれば床の性能が劣化し、寿命が短くなるだけでなく、すべりや破損を放置しておくとケガなどを招き、大変危険である。

　従って、スポーツフロアの維持管理は体育館の管理の中でも特に大切なものであるといえる。

　スポーツフロアの維持管理の基本とされるのは次の点である。

　・清潔であること
　・床表面の光沢、すべりをスポーツを行なう最適な状態に保持すること
　・破損箇所が放置されていないこと

　これらをいかに日常、そして長期にわたって維持していくかが、スポーツフロアの維持管理の全てであるといえる。

　床性能は、経年によりある程度劣化することはやむを得ないが、その速度や程度は維持管理の仕方によって大きな差が生じる。

　49頁に木製床性能の劣化とリフォームの関係をモデル化して示してあるが、適切な維持管理と点検・リフォームによって床性能を長く、その初期性能を維持していくことが可能となる。

〔2〕維持管理の方法と分類

　スポーツフロアの維持管理は清掃管理・保守管理・改修（リフォーム）に分類される。

維持管理の分類

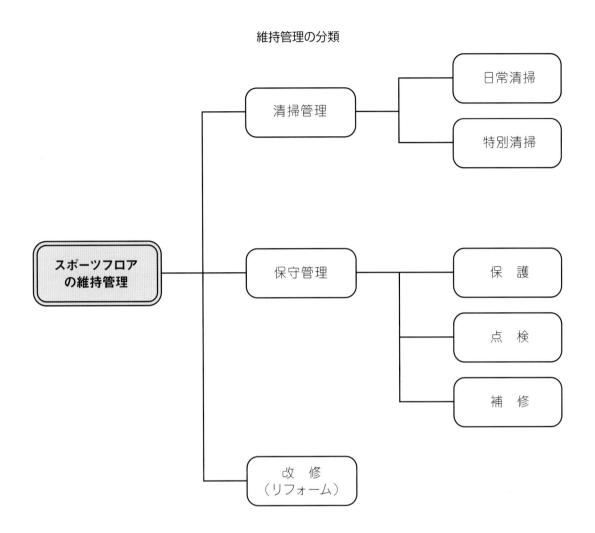

　「清掃管理」は、床の表面を常に清潔に保ち美観を維持するための管理であり、床面を清潔に保つことにより土砂などの床の劣化要因が取り除かれ、床の異常も発見しやすくなる。

　清掃管理は、体育館の使用前後に行なう「日常清掃」と、日常清掃では取り切れない汚れを除去するために数ヵ月に1回行なう「特別清掃」に分けられる。

　「保守管理」は、建設当初の床の性能を維持するために行なう管理である。

　保守管理は、床の損傷や性能の劣化を防ぐために行なう「保護」、床の劣化や損傷状態を調べるための「点検」、損傷部分を直して性能を回復させるために行なう「補修」に分けられる。

　「改修（リフォーム）」は、損傷した部分だけでなく、まだ使用できる部分も含めて取り替えて性能や美観を回復させる方法であり、時には床の性能や機能を改善するために行なう場合もある。

　改修（リフォーム）には部分改修と全面改修がある。

〔3〕維持管理の手順

維持管理の手順(日常的な維持管理から補修・改修まで)は、下図のように示すことができる。

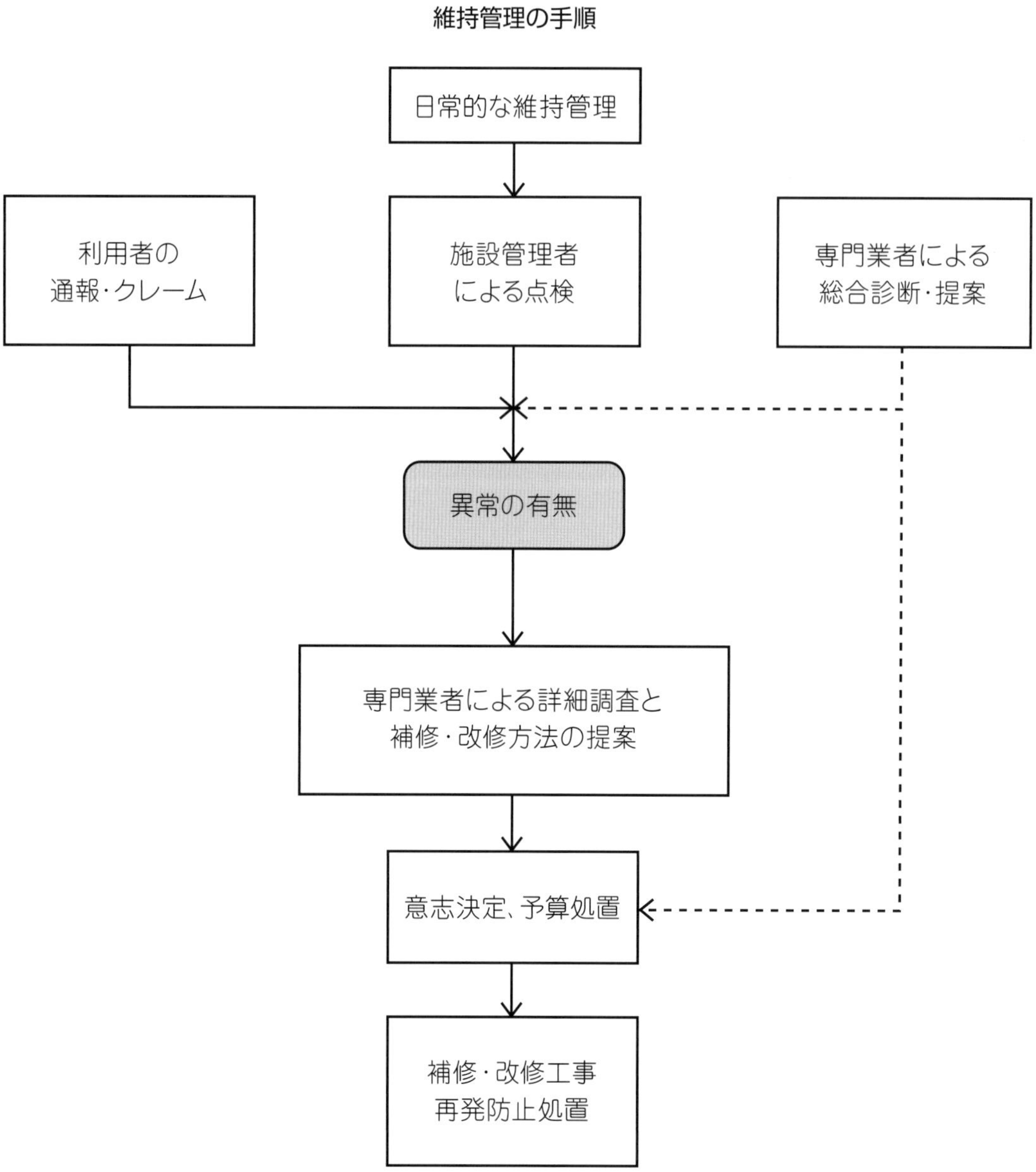

維持管理の手順

```
                    ┌──────────────┐
                    │ 日常的な維持管理 │
                    └──────────────┘
                           │
                           ▼
┌──────────┐      ┌──────────┐      ┌──────────┐
│ 利用者の   │      │ 施設管理者  │      │ 専門業者による │
│ 通報・クレーム │      │ による点検  │      │ 総合診断・提案 │
└──────────┘      └──────────┘      └──────────┘
                           │
                           ▼
                    ╭──────────╮
                    │  異常の有無  │
                    ╰──────────╯
                           │
                           ▼
                 ┌────────────────┐
                 │ 専門業者による詳細調査と │
                 │ 補修・改修方法の提案   │
                 └────────────────┘
                           │
                           ▼
                  ┌──────────────┐
                  │ 意志決定、予算処置 │◄┄┄
                  └──────────────┘
                           │
                           ▼
                  ┌──────────────┐
                  │  補修・改修工事  │
                  │  再発防止処置   │
                  └──────────────┘
```

（1）日常的な維持管理

スポーツフロアの寿命は、体育館の使い方や手入れの仕方によって大きく影響するので、日常的な維持管理が大切である。

日常的に行なう維持管理は「清掃管理」と「保護」であり、施設管理者の指示で利用者や委託業者などが行なうことになる。

（2）施設管理者による点検

床の異常は、利用者からの通報などで発見されることもあるが、むしろ施設管理者が点検を行ない、異常を早期に発見し適切な処置を行なうよう心がけて欲しい。

点検には、日常的に行なう点検と半年から1年ごとに行なう定期点検がある。

施設管理者による点検の目的は異常個所の早期発見である。特に安全に関わる項目については日常的に点検し、異常を早期に発見し、大事に至る前に補修することが大切である。それ以外の項目についても半年から１年ごとに定期的に点検するようにする。

定期点検は、スポーツフロアの性能や劣化状況を定期的に総合的に点検し、劣化があまり進まないうちに補修するのが目的であり、日常点検では見落としがちな床の弾力性や床下の点検なども忘れずに行なう。

（3）専門業者による総合診断・提案

総合的な診断を専門業者に依頼するのも１つの方法である。床性能の劣化状況を専門業者の目で総合的に評価してもらうと同時に、その原因を探り、補修・改修方法や劣化防止対策などを提案してもらうことができる。

（4）専門業者による詳細調査

日常の使用や点検により異常個所が発見された場合は、専門業者に調査を依頼すること。調査により正確な損傷状況や範囲、損傷の原因、補修・改修方法、再発防止対策などの提案が行なわれるため、異常個所の調査だけでなく、総合的な診断をこの機会にしてもらうことを推奨する。

専門業者については、78〜79頁の公益財団法人日本体育施設協会 屋内施設フロアー部会　会員名簿を参考のこと。

（5）意志決定と予算処置

調査結果や補修・改修費用の見積に基づき、施設管理者側で補修・改修方法や時期についての意志決定を行ない、予算処置を行なう。

緊急を要するものについては、応急処置などの実施も必要になる。

（6）補修・改修工事

補修・改修工事と同時に再発防止のための処置を行なう。

〔4〕維持管理上の重要事項

　ここで維持管理上の重要な事項をまとめておく。施設管理者はこれらの事項を実践し、スポーツフロアを安全・快適な状態で維持していく必要がある。

①体育館を使用する前後には必ず清掃を行なう。
　床表面の土砂・ほこり・ゴミ・汚れを取り除き清潔に保つことが、床の美観を保ち劣化を防ぐ維持管理の基本である。

②日常清掃では取れない汚れを定期的に除去する。
　体育館専用モップの押し拭きによる日常清掃だけでは取り切れない汚れは、定期的に入念な特別清掃により除去する必要がある。

③ワックスは掛けない。
　ワックスは床をすべりやすくすることがある。ワックスを塗布した床は再塗装が困難になる。

④床を傷めないように、以下の保護対策を行なう。
　・水分の持込防止：水分は木製床を狂わせ、反り・あばれなどの原因になる。
　・土砂の侵入防止：土砂は塗膜を傷つけ、摩耗させる。
　・尖った物、硬い物、重量物の持込禁止：これらの物は床を傷つけ、破壊することがある。

⑤専用のラインテープを使用する。
　はがす時も塗装面を傷めないように注意すること。
　・上塗り塗装後、最低3ケ月以内はラインテープの使用禁止。
　・ラインテープを長期間放置しない（使用後は速やかに除去）。

⑥床の日常点検・定期点検を行ない、損傷を早期に発見する。
　点検は施設管理者が自ら行なうように心がける。体育館の維持管理を外部に委託する場合には，適切な清掃の実施及び日常点検・定期点検の実施、記録の保管及び速やかな応急処置について仕様書で定めるなどして、受託者に対し同様の対応を求める。また受託者には公認体育施設管理士※を有する者がいることが望ましい。
※公認体育施設管理士養成講習会（主催：公益財団法人日本体育施設協会及び独立行政法人日本スポーツ振興センター）で指定項目を受講し，試験に合格した者が取得できる資格。

⑦損傷個所は放置せず早急に直す。
　損傷を放置しておくことは危険であり、損傷個所が拡大する恐れがある。

⑧再発防止処置を確実に行なう。
　補修するだけでなく、損傷原因を取り除くことが再発防止のために大切である。

6. 床性能の劣化とリフォーム

〔1〕床性能の劣化とリフォームの概要

　床性能の劣化は維持管理の仕方によって大変な差が出ることは周知であるが、わかっていてもなかなかマニュアル通りの維持管理ができないのが現状である。しかしながらそれで良いでは済まされない問題である。床性能の劣化は事故の原因ともなるので、定期的（年2回程度）に改修診断を行う必要がある。

　以下に床性能の劣化とリフォームの関係図を示す。

木製床の劣化とリフォーム

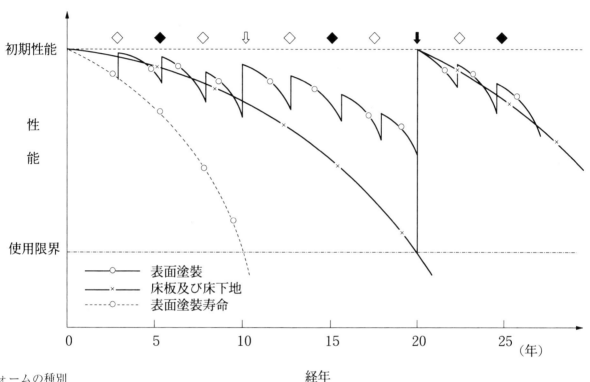

リフォームの種別

◇：表面塗装1回　　◆：表面塗装2回

⇩：全面サンダー掛けの上塗装　　⬇：床全面取替（下地共）　　　　　　　注）施設の利用状況により異なる場合があります。

既存床 サンダー掛け

[2]リフォームの診断基準と方法

木製床

リフォームの診断基準 ···

・使用の激しい部分の塗膜に光沢がない
・出入口部分の塗膜に光沢がない
・すべりやすい

表面塗装1回又は2回

リフォームの方法

密着テスト	ワックスが掛かっていると、塗料が密着しないので、密着テストを行うのが望ましい
研　　磨	ポリッシャーにより、サンドペーパー＃100〜＃120にて研磨
塗　　装	1回又は、2回

※ワックスが残っている場合…ワックス除去には水を使うので床板が反ったり隙間に水が入り、黒ずんだりする等の
　問題が発生するので専門業者に相談すること。

リフォームの診断基準 ···

・使用の激しい部分の塗膜のハガレ
・表面塗膜が摩耗し、床板の地肌が散見
・塗膜が摩耗して汚れが床板にしみこんでいる
・床板に多少の反りが出ている

全面サンダー掛けの上再塗装

リフォームの方法

研　　磨	・中央部〜ドラムサンダー、壁際〜デスクサンダー、荒掛：サンドペーパー＃24〜＃40 ・中掛：サンドペーパー＃40〜＃60、仕上掛：サンドペーパー＃80〜＃100
素地ごしらえ	・清掃により付着物を取り除く（メッシュタイプペーパー＃100〜＃120）
下　　塗　り	・塗料タイプに応じた量の薄め液で希釈し、ハケ又は専用モップにて塗布、1㎡あたり80g以上。 　油変性10時間以上、湿気硬化型、2液型8時間以上、水性1液型、1液型6時間以上の乾燥時間
研　　磨	・ポリッシャーにてサンドペーパー＃100〜＃120にて研磨
中　　塗　り	・下塗りと同様
研　　磨	・ポリッシャーにてサンドペーパー＃100〜＃180にて研磨
ラ イ ン 引 き	
上　　塗　り	・下塗り、中塗りと同様

※他の樹脂の塗り重ねは不可。工期は養生をふくめ11〜14日程度

リフォームの診断基準 ・・

- ・床板の割れ、欠け、隙間が全面に出ている
- ・虫喰い、朽れが目立つ
- ・床板の浮き、ゆるみが全面に出ている
- ・床板が摩耗してうすくなっている
- ・数回のサンダー掛けにより釘頭が見える
- ・床板にささくれが出ている

床板の張り替え

リフォームの方法

- ・床板の張り替えは、「体育館床工事標準施工要領書」第二編、体育館用鋼製床下地のフローリング張り標準施工要領書による。
- ・床板の張り替えを行う際は、床下地を傷めないように既設床板を撤去し、また床下地のいたんでいるところは、あらかじめ補修を行う。

リフォームの診断基準 ・・

木製下地
- ・床の不陸がひどい　・腐食、乾燥割れが目立つ
- ・根太の反り、捻れが目立つ
- ・床の弾力性が低下している　・床が沈み込む

鋼製下地
- ・床の不陸がひどい　・さびが全体的に発生している
- ・床の弾力性が低下している　・床が沈み込む

置き床
- ・床の不陸がひどい　・床下地材の腐食が目立つ
- ・床の弾力性が低下している　・床が沈み込む

床下地の取り換え

リフォームの方法

- ・床下地の取り替えは、「体育館床工事標準施工要領書」第一編、体育館用鋼製床下地構成材JISA6519標準施工要領書による。
- ・床下地の取り替えを行う際には、地盤沈下、コンクリートスラブのクラックなどの補修をあらかじめ行う必要がある。床が沈み込む場合は、束の交換で治る場合がある。

・複合フローリングのリフォーム

体育館施設の床に使用されている複合フローリングの単板部分は通常3mm以上の製品である。（単層材は15mm又は18mmが基準）そのため単板3mm以下の複合フローリングのリフォームの場合、再度全面サンダー掛けを行うのは1回研磨するのが限度である。従って、その後のリフォームは2〜3年ごとに床面の汚れ、塗膜研磨だけを行い、1回又は2回クリヤーを塗り重ねるのが理想である。

但し塗り重ねる場合、異種塗料の組み合わせは密着不良のクレームの原因となるので注意する。

よってこのような場合は、異種塗料との密着の優れている水性ウレタン2液型の塗料が最適である。

※当部会発行の「スポーツフロアのメンテナンス」参照。

7. 屋内スポーツフロアのトラブル・原因とその対策

木製床

（1）床板の割れ、ささくれ

原因

床材の割れは急激な乾燥によるものと腐食によるものと、外傷的なものの3種類がある。

対策

小さな割れはウッドパテで補修、ささくれはカッター等で除去し、ウッドパテを注入する。

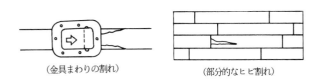

（金具まわりの割れ）　　　　　　（部分的なヒビ割れ）

割れ、ささくれの範囲が広く、競技に支障をきたすと思われる時には、次のことに考慮して補修を行う。

①正常な床材を傷めないように、丸鋸で床材に溝をつけ、ノミ等で取り外す。

（注）床板は一直線に切り込まず乱尺に取り外す。

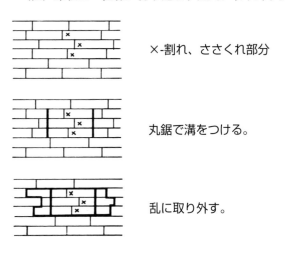

×-割れ、ささくれ部分

丸鋸で溝をつける。

乱に取り外す。

②床板の張り方は下図の通りとする。

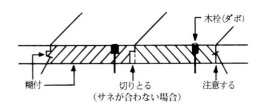

糊付　　　　　切りとる　　　　注意する
　　　　　　　（サネが合わない場合）

上図のように両側を十分釘で締め、接着剤を塗布した上床材を落し込み、約9mmの木栓（ダボ）穴をあけ、上部よりタッピングビスまたは釘で根太材に緊結し、埋木する。（木栓は10mmとし、材質はクルミ、カツラ、ホオとするのが望ましい。床材より堅い材料を使用すると、木栓が突出することがあるので注意を要する。）

（2）床板のはがれ

原因

床材の吸湿による収縮での変形の場合と、下地変形の場合がある。

対策

浮き上がった部分の床板の改修方法は下図の通りとする。

①浮き上がった部分の床板に1.5～2.0mmの穴をあける。

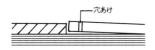

②接着剤（木工用ボンド）を注入する。

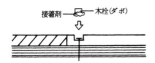

③ドリルで板厚の半分まで穴をおける。（直径9mm）

④タッピングビス又は釘で、根太材にしっかり打ち込み、浮き上がり部を平滑する。

⑤木栓（ダボ）に接着剤をつけて埋木する。

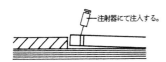

⑥木栓（ダボ）の頭部をサンドペーパーで研磨し平滑にする。

⑦研磨材のほこりを拭きとり、塗料を2～3回塗り重ねる。

（3）大型積層フローリングピース部の損傷

原因

重量物が点荷重で繰り返し乗せたためフローリングに曲がり現象が生じたか、水分を含んだかによる。

対策

・ピースが傷んでいる場合、そのピースだけ張り替える。

・台板まで傷んでいる場合は、フローリングを1枚張り替える。

・根太部分に傷みがある場合は、補強材を取り付け台板と緊結する。

日常の注意点

①点荷重（一輪車での重量物運搬、メンテ作業車ポール等）のかかる重量物を走らせたり落したりしない。

②雨漏りや結露水、窓からの雨水は直ちに拭きとる。

③床の水拭きは禁止する。

（4）床のフローリングの膨張による中央部での盛り上がり

原因1

　床下の湿度が高い。

対策

　床下の湿度が高い原因には、計画上の原因（敷地条件、床下の防湿処理、設計上の不備）と、施工時の原因とに分けられる。やはり一番多いのは計画上の原因である。その主な項目を検討すると下記の通り。

①敷地の水はけが悪く、傾斜地を切り開いて建設した場合。

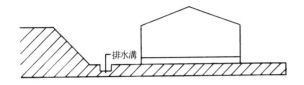

・湧水がある場合、切土側の崖下に排水溝を設け、湧水の排水と敷地側遊水を集水し、排水する。
・床下に防湿コンクリートを打設し、地上よりの湿気の発散を押さえる。

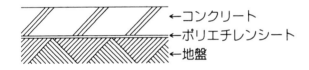

←コンクリート
←ポリエチレンシート
←地盤

②床下換気口が十分でない場合（自然換気）

　床下換気口の面積は下の表を参考にして、不足している場合は増設する。

換気口の大きさと数の目安

立地	壁長	高さ	巾	数	面積 m²
普通	5〜6m 毎	300mm 300mm	1,800mm 900mm	1 2	0.54 0.54
多湿	5〜6m 毎	400mm 400mm	1,800mm 900mm	1 2	0.72 0.72

③アリーナの付属室（便所、ロッカー、倉庫等）が直に接続されている場合。

　付属室が直に接続されると、換気口が外気に面するところで取れていない場合があるので、所用換気面積を別途方法（地下ダクト方式、床上換気口）で確保する。

原因2

　施工時期の悪さ。

対策

　施工時期の悪さとは、梅雨期や突貫工事（短期間施工）等で床下の乾燥が十分できない時期で、床下に水溜まりや残留湿度が残ることが多い。

　床工事の着工前に乾燥状況のチェックを行い、土間やコンクリートスラブに湿度が多い場合は、乾燥剤またはジェットヒーター等で十分乾燥後、工事の施工を行う。

原因3

　周囲に伸縮目地がない。

対策

　伸縮目地がない場合は論外として、ある場合でもその目地のとり方で局部的に出たものが全体に影響することもあるので、注意を要す。床の材種や下地材及び工法によって伸縮の方向に違いがあるので、それらを踏まえて検討し、対処する必要がある。

床の変形パターン

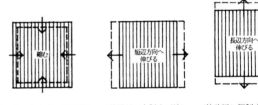

（パーティクルボード下地）　（普通張り木製床下地）　（特殊張り鋼製床下地）

　伸縮目地は、フローリングボード及び下地材も巾木及び躯体と十分隙間を確保する必要がある。床板の伸びは1m当たり、1mm程度伸びることを配慮する。

巾木廻り伸縮目地

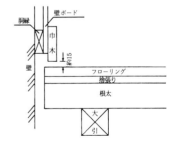

出入口部分の伸縮目地

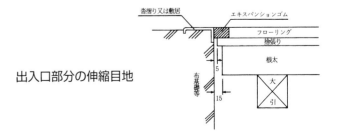

（5）床塗料のはがれやのりが悪い

原因

塗料の使用目的が適当でない、あるいは補修前の塗料と補修塗料との物性が適正でないかによる。

塗料の使用目的、及びその長所、短所については、本誌16～17頁による。

対策

補修塗装を行う場合、旧塗膜をサンダーで完全に取除き、木質素地から再塗装することが望ましい。下記事項に注意を要す。

①表面の汚れの除去

ワックス、油、洗剤等が付着していると、再塗装の時、ハジキ、密着不良、乾燥不良の原因となる。ワックス等が残っている場合は専門業者に相談すること。

②補修箇所全面を必ず研磨する。

#100～120メッシュペーパーを使用し、未研磨部が残らないよう清掃を行う。

研磨不十分は密着不良の原因となる。

③旧塗膜の塗料の種類を確認する。（ミスマッチの排除）

旧塗膜の塗料と補修に用いる塗料の組合せは下記の通り。適正の可否に注意。

旧塗膜	新塗膜	組合せ適正
溶剤1液型ポリウレタン	溶剤1液型ポリウレタン	○良
	湿気硬化性ポリウレタン	×不良
	溶剤2液型ポリウレタン	×不良
	水性1液型ポリウレタン	○良
	水性2液型ポリウレタン	○良
湿気硬化性ポリウレタン	溶剤1液型ポリウレタン	×不良
	湿気硬化性ポリウレタン	○良
	溶剤2液型ポリウレタン	○良
	水性1液型ポリウレタン	△やや良
	水性2液型ポリウレタン	○良
溶剤2液型ポリウレタン	溶剤1液型ポリウレタン	×不良
	湿気硬化性ポリウレタン	○良
	溶剤2液型ポリウレタン	○良
	水性1液型ポリウレタン	△やや良
	水性2液型ポリウレタン	○良
水性1液型ポリウレタン	溶剤1液型ポリウレタン	×不良
	湿気硬化性ポリウレタン	×不良
	溶剤2液型ポリウレタン	×不良
	水性1液型ポリウレタン	○良
	水性2液型ポリウレタン	○良
水性2液型ポリウレタン	溶剤1液型ポリウレタン	×不良
	湿気硬化性ポリウレタン	×不良
	溶剤2液型ポリウレタン	×不良
	水性1液型ポリウレタン	○良
	水性2液型ポリウレタン	○良
UV塗装系	溶剤1液型ポリウレタン	×不良
	湿気硬化性ポリウレタン	△やや良
	溶剤2液型ポリウレタン	△やや良
	水性1液型ポリウレタン	○良
	水性2液型ポリウレタン	○良

※湿式硬化性は溶剤2液型と同様な扱いである。

傷、凹みの補修には、補修パテを使用する。

（6）木栓（ダボ）の浮き

原因

木栓（ダボ）の接着不良または捨張りやフローリングが浮いた状態でビス留めしてある場合が考えられる。

対策

床板、床下地共異常がなく、単に接着不良の場合は木栓（ダボ）に接着剤をつけて打込む。

木栓（ダボ）の材質はクルミ、カツラ、ホオ等を使用する。

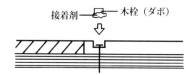

捨張りやフローリングが浮いている場合は、状況により部分補修あるいは全面補修の判断がいるので、専門業者との相談が必要。

既存床 再生

8. 屋内スポーツフロアのQ&A

[1]木製床

Q1. 床のきしみや浮きは、どのような方法で検査できますか。
また床のきしみや浮きの原因は何ですか。

A1. バスケットボールで、下図の要領でドリブルをします。検査に使用するボールは、1.8mの高さからかたい床の上に落して、はずみ高さが1.2m以上、1.4m以下のものとします。

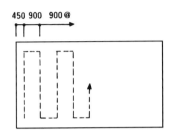

ドリブルをするのに、手首を強く上下しなくてはリバウンドがとれない時は、床板と根太、大引、束等に浮きがあるので、その部位を床下より検査し、処置を検討する必要があります。
浮き、きしみの原因には以下のようなものがあります。
①床板の膨張によるむくれで、床束が上がる。

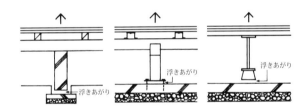

②床板と下地の緊結不良
③下地の腐食による床板の浮き
④地盤沈下

Q2. 床のたわみ、ゆがみの原因にはどのようなものがありますか。

A2. 主な原因には、以下のようなものがあります。
①床板の膨張によるむくれ、あばれ
②下地の腐食
③地盤沈下
④結露

Q3. フローリングにすき間が出来ていますがなぜでしょうか。

A3. 施工時の乾燥不良か経年による乾湿の変化によるものと思われます。そのままですと本実割れ等が生じやすいので専門家による早目の点検が必要です。

Q4. フローリングボードの角がそげて危険ですが原因と処理方法はありますか？

A4. 根太、捨板、フローリングにすき間があるのに使用したか、何回かのサンダー掛け塗装により、雌ざね部分が薄くなっているためと思われます。先端を少し斜めに切り取り、ボンドを充填して硬化させます。数の多い場合は専門業者に相談しましょう。

Q5. 木栓が浮いたり抜けたりしているがなぜでしょうか。

A5. 木栓の接着不良か捨張り又はフローリングが浮いている状態でビス留めしてあると思われます。状況によっては部分補修か全面補修する必要があるので専門家に相談した方が良いと思います。

Q6. 新しい床なのに、使用中床鳴りがしてわずらわしい。

A6. 床（下地も含めて）の施工に何らかの不備があると思われますので、施工業者又は同等業者に点検補修してもらう必要があります。

Q7. 木製床と巾木の取合いで注意する点は？

A7. 巾木と床は縁を切って、床材の伸びに追従できるようにしましょう。
出入口の下枠との取合部分にはエキスパンションゴムを入れましょう。

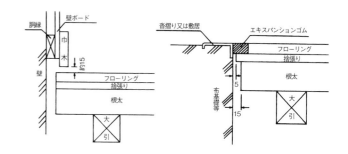

Q8. ラインテープがこびりついてはがれない。

A8. 紙製のテープを使用したか、貼ったテープを長く放置したかによります。
皮すき等でていねいにはがし、塗料用シンナーで良く拭きとります。
また、ポリエチレン製のラインテープを使用し、必要以上に長く放置しないことです。

Q9. 器具庫とフロアの境界に段差があり、器具の出し入れ時に不便。

A9. 無理して使うと、器具や床の破損につながるので、段差部に鉄板等で渡り板を作り、敷設しましょう。

Q10. 床がすべる

A10. 床がすべるようになるのは、次の要因のいずれかによります。
①仕上げ塗料、あるいは仕上げ材料がすべりやすいものであるかノンスリップ性を失った。
②他の床のワックスや油脂類が持ち込まれた。
③化学モップの集塵帯電剤が床に付着した。
④誤って、すべりやすいワックスを使用した。
⑤砂やホコリが床面に残っている。

⑥ホウキやモップ類に油が付着している。
⑦使用したシューズが適当でない。
①については専門家の再塗装による補修等が必要です。②～⑥については、フロアクリーナーを用いた清掃により解決できます。

Q11. 体育館の床は、ワックス掛けした方がよいのでしょうか。

A11. 床は体育館の生命ですから大切にしなければなりませんが、最近の床塗料はほとんどウレタン系ですから、すべり、摩耗性共に良くできています。ワックス掛けは滑りやすくなる原因にもなり、掛けないことを奨めます。1度ワックスを塗ると、その上には塗料は塗れませんので、再塗装の際ワックスの洗浄剥離作業が必要となり、費用も割高となります。

Q12. 床の塗装面にラバーマークが付いた場合の措置は。

A12. 溶剤タイプのクリーナー（ラバークリーナーなど）で拭き取ります。

Q13. JIS A6519の種類に組床式（F）と置き床式（S）とがあり、二つの方式は異なった内容となっているのになぜひとつのJIS規格になっているのですか。

A13. 目的と性能が同一であるからです。

Q14. ナラ材の床の表面に木の粉がふき出ていた。原因と対策は？

A14. キクイ虫による被害と思われます。防虫処理を施した後再塗装して下さい。

Q15. 床の清掃管理で特に注意することは？

A15. 特に注意することは清掃用具の点検、整備でその中でも体育館専用モップは最重点項目です。

汚れたままのモップの使用はかえって床に汚れを付ける結果ともなるので充分点検・整備する必要があります。整備の目安としてモップクリーニングサイクルは通常使用の場合1週間から2週間で汚れがひどくなるのでA、B、Cの順序でクリーニングを行って下さい。

A.体育館専用モップは使用後に毎回ほこりを叩くか掃除機で吸い取り、清潔な状態で使用する。

A.ほこりを叩く

B・C.モップが汚れている場合は洗濯（洗剤分を残さないよう注意する）し、乾燥後モップ糸を叩き繊維をほぐした状態で使用する。

B.洗剤で洗い、
よくすすぐ

C.乾燥させる

※不織布のモップの場合は目地まで毛足が届かない場合があるので、なるべく繊維の長いものがよい。

[2]移動床

Q16. パネル接続部の破損がある時の措置はどうすればよいでしょうか。

A16. 各パネルの雌、雄実又は接続金具等が破損して各パネルの結合性が悪くなっていると思われますので、専門業者に相談しましょう。

Q17. 個々のパネルに段差（目違い）及び隙間がありわずらわしいが直すにはどうすればよいでしょうか。

A17. 製品不良か、保管上の不備により狂いが生じたか、敷設時に不都合があったかと思われますが、目違いについては持ち上げられる部分でしたら低い部分にパッキンを入れるか、隙間については掛け矢等で軽くたたいて締める方法があります。
ただし、ポータブルフロアの性格上目違いについては1.5mm以内、隙間については2mm以内ならやむをえないこととしなければなりません。それ以上でしたら色々な条件によりますので、専門業者の診断をあおいだ方がいいでしょう。

Q18. 競技中ガタガタ音がするが止める方法は？

A18. 敷設不良か敷設後の狂いによるものですので、専門業者に相談した方がいいでしょう。

Q19. 収納時の重ね積みはどの位まででしょうか。又保管上の注意点は？

A19. フロアの種類にもよりますが、一山重ねの重量が約1トン以上になりますと下積みのフロアに色々な影響がでてくるので1トン以内にした方がいいでしょう。
又、伸縮、反りを防ぐため、風通しの良いように並べて保管して下さい。

Q20. 移動式バスケット又はローリングタワー等の移動時にミシミシ音がするがフロアに影響はないか。

A20. 使用目的時の設計設定があるはずですので、よく照合して使用目的を誤らないようにして下さい。

Q21. 敷設工事での注意事項は？

A21. 縦、横のセンターに基線敷設を十文字にしっかりとして、それに習って四隅ブロックをていねいにすると納まりが良くできます。また、パネルの接続部分などの破損があると、パネルの結合性が悪くなるので、補修するか、専門業者に診断してもらう方がいいでしょう。

[3]柔道畳

Q22. 畳の保管上の注意事項は？

A22. （化学畳・わら畳）
積み重ねすぎで、下積みの方が変形したりヘタリを起こし耐久力をなくし、畳の性能を悪くすることがあるので、一山は25枚位が限度です。できることなら専用台車を用意すると整理にも運搬にも便利です。
また風通しのよい保管場所に収納して下さい。
（簡易畳）
巻きとった後に、帯状のベルトで固定し収納庫に保管して下さい。

Q23. 畳の手入れの方法は？

A23. （化学畳・わら畳）
畳表は塩化ビニール系なので、長く使用しているうちに、手や足の油が付着して畳目に入り、汚れが目立つと共に不衛生です。
中性洗剤を雑布等につけて汚れをとり、後でから拭きするといいでしょう。
また敷き放しの専用道場では、1年に1度位は畳を上げて床を大掃除するとダニ等の防除にもなります。
（簡易畳）
畳表は専科ビニール系なので、長く使用しているうちに手や足の油が付着し畳目に入り汚れが目立つと共に不衛生です。
雑巾で水拭きするか、汚れがひどい場合は中性洗剤を水で希釈した雑巾で、畳目に沿って拭き取って下さい。

Q24. 畳の補修の方法はありますか。

A24. （化学畳・わら畳）
化学畳は表地を張って廻りを納めるのに、接着方法と縫着方法があります。経時によるハクリ又は糸のほつれは早めに粘着テープなどで補修して少しでも長持ちするようにします。
表の破れは、少し位なら早めに表面にテープを張るのではなく、裏面より布を当てゴム系の接着剤で張って下さい。大きく破れた場合は、専門業者にて表替えをする必要があります。
（簡易畳）
ありません。
破損した部分を切り取ってしまい、欠損した畳は買い足して下さい。
そのまま使用すると危険な場合があるため、購入元に相談して下さい。

60

Q25. 敷き込んである畳の段差や隙間を直す方法はありますか。

A25. （化学畳・わら畳）
段差については、低い部分の下に段ボール等をはさんで調整できますが、隙間については廻りから踏み込んで直す程度のことしかできません。それでも直らない場合は敷き直して、最後の隙間は畳寄せ枠の調整か、パッキングをして下さい。
（簡易畳）
簡易畳の両サイドにある、マジックテープをシワ・隙間なく張り合わせて下さい。
通常使用では、剥がれたり・隙間が出来たりする事はありません。

Q26. 敷き込む時の注意と方法は？

A26. （化学畳・わら畳）
片方から順序よく、畳目の直線を揃えながら、きちんと1枚1枚締め込んで敷き、出来る限り畳の四隅が合わないように工夫をして敷き込むと、長い間の使用での段差や畳角のヘタリ防止にもなります。
（簡易畳）
片方から順序よく、となりのロールとシワや隙間の無いように設置して下さい。
撤去する際は設置と同様に、片方から順序よくマジックテープ傷めないようにゆっくりと剥がしてからベルト状の帯に巻き取って下さい。

[4]体育器具基礎及び金具・塗装

Q27. 木製床の場合で、体育器具基礎に大引があたる場合の補強はどのようにすれば良いですか。

A27. 下図のように補強束を入れます。（組床、置床の場合共）

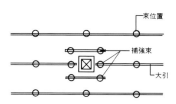

Q28. 木製床の場合、体育器具の基礎構造はどのようにつくればいいでしょうか。

A28. 地盤沈下の激しいところで構造スラブになっていない場合は、基礎を地中梁で支持すること。国際競技バレーを例にするとボール脚部にかかる応力は約2.5tにもなるので基礎はしっかりしたものをつくりましょう。

土間コンクリートの上に設ける場合

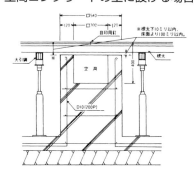

土間コンクリートがない場合

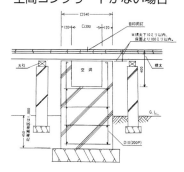

Q29. 塗床の場合の体育器具の基礎構造はどのようにつくればいいでしょうか。

A29. この場合に限り、塗り床前に床金具を埋め込みます。

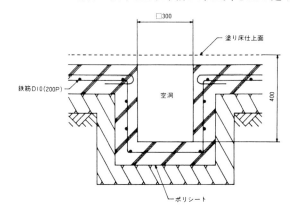

Q30. コートラインが黄変する。

A30. 表面塗装、ライン塗装自体の黄変によるか、異種塗料の塗り重ねによるものです。
水性ウレタン2液型等を用いるか、異種塗料の塗り重ねをしないようにしましょう。

Q31. コートラインの数が多すぎて、見にくい。

A31. コートラインは3〜4色程度とし、その他についてはコーナー表示のみとして、使用時はラインテープを貼って使用するようにしましょう。

Q32. 床塗装の塗り替えの際、特に注意することは。

A32. 床にワックスが残っていると、塗料の付着が悪くはがれの原因となります。
ワックス掛けを行っていた床については、ワックスを十分除去してから塗装をすることが大切ですが、水を使用するので床板の反り、隙間発生等が生じる場合があります。
※ワックスが残っている場合の床塗装の下ごしらえ
①ワックスを剥離剤で除去する
②メッシュパッドにより床を研磨する
③掃除機で吸塵する
④シンナー拭きをする
⑤十分乾燥させる
⑥塗装工程に入る

Q33. 床金具にポールを入れると、ポールが根本から傾く。

A33. 床金具の基礎がこわれているか、金具取付時の充填コンクリートが破損しているかです。必要以上の力がかかったか、コンクリートが完全に硬化していないうちに使用しはじめたかによります。建設業者か、金具を取り付けた専門業者に相談し、すみやかに修理しましょう。放置すると床まで悪くなる恐れがあります。

Q34. 床金具のフタが浮いてあぶない。

A34. ガムテープなどで養生して使用し、使用後はすぐに専門業者に相談し、早めに修理しましょう。

Q35. コートラインがはがれる。

A35. 使用が激しく、表面塗膜が摩耗している、またはフロアの塗料とライン用の塗料の相性が悪いと思われるので、施工業者に相談しましょう。

Q36. ポールの基礎と金具がずれてポールが入らない。

A36. フローリング又は捨板の伸縮により床がずれていると思われます。
金具を取りはずし、ずれた方向の隙間には埋木をして付け替えます。大きくずれている場合は、フローリングを貼り足してから金具を付け替えましょう。新築後1年位経てば、床の伸縮によるずれはなくなるはずです。

Q37. 床金具のビスがゆるんで浮いているが、締めても空回りして締まらない。

A37. 何回か締め直しているうちにビス穴が大きくなっていると思われます。金具をいったん取りはずしてビス穴を木栓（割り箸等を利用してもよい）にて接着剤を充分充填し完全に埋め直し、接着剤が完全に硬化してから金具を入れ、ビスを締め直すとよい。

Q38. 体育館床のJIS規格の概要を知りたい。

A38. 一般体育館及び柔剣道場床の耐久性（鉛直載荷及び繰り返し衝撃試験）と安全性（弾力性及び硬さ試験）の仕上材も含めた性能です。
P30〜P32参照

Q39. JIS表示の一般体育館床ですが集団で集中振動のあるイベントを行っても大丈夫でしょうか。

A39. 集中動荷重が4.9KN／㎡ |500kg／㎡| 以上になると予想される場合は施工業者に相談した方が良いと思います。

Q40. 一般体育館床と重荷重床との違いを知りたい。

A40. 一般体育館はJIS規格で荷重性能を鉛直載荷試験で定められておりますが、重荷重床は300mm丸板又は300mm角板による集中荷重試験によって性能が定められております。
重荷重床が要求される場合は上記試験方法により、1トン・3トン・5トン用床等分類、認定されます。

[5]その他

Q41. 日常の手入れの方法はどうすればよいか。

A41. 5.屋内スポーツフロアの維持管理の項参照。

Q42. 床下の状態を見るにはどうすればよいか。

A42. 体育館のコーナー付近に点検口があればフタを開け床下が見れます。
設計段階からの検討が必要です。

Q43. 体育館専用シューズはなぜ必要なのですか。

A43. 付帯施設にすべり易いワックス類が使用されている場合、それらのワックスも外部からくつ底に付着させて持ち込まないためです。

Q44. 雨の日床がすべりやすくなるのはなぜですか。

A44. 結露によるものです。十分にモップ拭きしてから使用して下さい。

Q45. 附属室に使用する適正床材についておしえて下さい。

A45. 附属室の適正床材を選ぶ場合、第一に考える事は利用目的に合致した材料であること、第二に維持管理が容易であることが必要です。主な附属室の適正床材をあげると下表となりますので参考にして下さい。

	必要性能	適正床材
ロッカー室	堅牢 平滑 耐水性 清掃容易	塗り床
		張り床
		木製床
便所 シャワー室	平滑 防水性 清掃容易	張り床
		タイル床
		石貼り
器具庫	堅牢 平滑 清掃容易	左官床 〔コンクリート金ゴテ仕上の上表面強化材塗布〕
		塗り床

Q46. よく体育館の入口にマットを敷いていますが、必要でしょうか。

A46. 体育館に入る時、靴底の砂や埃を除去するために必要です。
また、体育館内にホール等のワックスの成分を持ち込まないためにも有効です。
特に、学校等で校舎から同じ上履きで入る場合は、よくワックスを落として下さい。
マット下の床の変色に気をつけて下さい。

Q47. 学校体育館で全校集会や学園祭等を行なう時の注意点はありますか。

A47. 外履きで体育館に入る場合や机・イス等を使用する場合は、体育館用フロアーシートを敷き込んで床を養生して下さい。
また、イベント等で使用する場合は、集中荷重がかからないよう注意が必要です。

Q48. 体操競技のポデュームについて。

A48. 公式の国際競技大会に於いては競技規則の中で使用しなければならないことになっている。高さ、大きさ、審判席の高さの規定あり。

Q49. 柔道競技のポデュームについて。

A49. 規定はないが審判及び選手の競技力を視覚的に高めるために主な大会は国際的にし使用が慣例化されている。

Q50. フットサルで使用する際の注意点について。

A50. ゴール下部の床面との設置部は傷をつけないように養生が必要です。
また、シューズは体育館専用シューズを使用するようにして下さい。

Q51. 競技用具の安全パットについて。

A51. ①バスケットボール
　　　ボードパット（厚さ規定）
　　　アームパット（厚さ、長さ規定）
　　　本体全面パット（厚さ、高さ規定）
　　　国際、国内共に規定で使用を定められている。
　　②バレーボール
　　　国際バレーボール連盟の競技規則の中で支柱は
　　　防護パット付きとなっている。
　　　審判台は競技の指導により国際大会に付けるの
　　　が慣例化されている。
　　　主な国内大会は協会指導で国際大会に準じている。
　　③サッカーゴール練習用とラグビーゴールポスト
　　　の下部については協会指導により安全上好まし
　　　いと言うことで防護パットを付けることが慣例
　　　化されている。
　　④武道場については施設者側の慣例で出柱部分に
　　　は付けている。
　　　SG規格品（製品安全協会）については安全パッ
　　　トそのものについて規定がある。
　　　ヘッドモデル、肘モデル、膝モデルの3種類。

9. 屋内スポーツフロア・資料編

[1] 屋内スポーツフロアの施工法の歴史

	オリンピック・一般	協会
1950	55年 第1回アジアバレーボール選手権大会（東京） 56年 第1回柔道世界選手権大会（東京） 58年 国立競技場落成 　　　 第3回アジア競技大会（東京）	59年 全国体育施設協議会発足
1960	64年 オリンピック東京大会 66年 第1回体育の日（10月10日） 67年 ユニバーシアード東京大会 68年 メキシコシティオリンピック（メキシコ）	61年 日本体育施設連盟に改称 66年 ㈶日本体育施設協会設立
1970	70年 国際剣道連盟発足 72年 冬季オリンピック札幌大会 　　　 ミュンヘンオリンピック（西ドイツ） 73年 沖縄日本復帰記念国民体育大会（沖縄） 76年 モントリオールオリンピック（カナダ）	76年 創立10周年
1980	80年 モスクワオリンピック（ソ連） 83年 第1回世界陸上競技選手権大会(ヘルシンキ) 84年 ロサンゼルスオリンピック（アメリカ） 85年 第1回日本ゲートボール選手権（東京） 86年 日本体育協会、新しいアマチュア規定である「スポーツ憲章」を施行。タイトルからアマチュアの文字が消える。 88年 ソウルオリンピック（韓国）	86年 創立20周年記念誌発刊
1990	92年 バルセロナオリンピック（スペイン） 96年 アトランタオリンピック（アメリカ） 98年 冬季オリンピック長野大会	96年 創立30周年記念誌発刊
2000	00年 シドニーオリンピック（オーストラリア） 04年 アテネオリンプック（ギリシャ） 08年 北京オリンピック（中国）	06年 創立40周年
2010	12年 ロンドンオリンピック（イギリス） 13年 2020年オリンピック東京大会開催決定 16年 リオデジャネイロオリンピック（ブラジル） 18年 冬季オリンピック平昌大会（韓国）	12年 公益財団法人へ移行 16年 創立50周年 16年 木製床管理者養成講習会開催
2020		

部会		木製床・床下地		
		55年	学校の屋内運動場としての建物が建設されるようになり、床においても専門家による施工がなされはじめる。	1950
		64年	東京オリンピックアリーナ建設を機にフローリング特殊張り工法普及に向う。	1960
73年 ㈶日本体育施設協会にスポーツフロアー部会発足		70年 73年 75年 78年	鋼製床下地誕生、追って専門の床工事職による施工が確立されはじめる。 フローリング張り標準仕様書完成。 鋼製床下地が主流となり、仕上材の床材も従来のフローリングボードの他に複合、積層フローリングが普及。 大型積層フローリング直張り工法誕生。 同二重張り工法と共に全国的に普及。	1970
		83年 85年 87年 89年	体育館のJIS化に向け検討始まる。 体育館用鋼製床下地構成材のJIS制定。 日本体育床下地工業会、日本フローリング工業会、日本体育施設協会フロアー部会による技術委員会開催。 体育館床工事標準施工要領書完成。 施工講習会を全国的に開催。 体育館用鋼製床下地構成材のJIS改正。 新たに柔道用・剣道用・柔剣道場用のJIS規格制定。 フローリング張り標準仕様書改訂。	1980
93年 94年 95年 97年	「INDOOR SPORTS FLOOR－室内スポーツフロアの企画から維持管理まで－」発刊 室内用ゲートボールコート（移動式）の規格策定委員会発足 「体育館・武道場フロアの維持管理」パンフ発行 「INDOOR SPORTS FLOOR－室内スポーツフロアの企画から維持管理まで－」再版	95年 96年	体育館鋼製床下地構成材のJIS改正。 体育館床工事標準施工要領書改訂。	1990
03年	「スポーツフロアのメンテナンス」発刊	04年 06年 08年	フローリング張り標準仕様書改訂。 体育館床工事標準施工要領書改訂。 フローリングのJAS改正。	2000
11年 12年 13年 16年	「スポーツフロアのメンテナンス」改訂 屋内施設フロアー部会に改称 「スポーツフロアのメンテナンス」改訂 「INDOOR SPORTS FLOOR－屋内スポーツフロアの企画から維持管理まで－」改訂 木製床管理者養成講習会開催協力	10年 12年 13年 15年	フローリング張り標準仕様書改訂。 体育館床工事標準施工要領書改訂。 フローリングのJAS改正。 フローリング張り標準仕様書全面改訂。	2010
		20年	フローリング張り標準仕様書改訂。	2020

[2]各種競技コートの規格

※コートサイズは参考資料です。実際にコート画線の際は正式ルールブック等でご確認ください。

バスケットボール

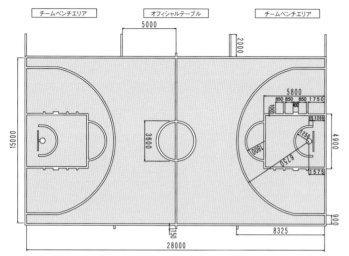

チームベンチエリア　　オフィシャルテーブル　　チームベンチエリア

FIBAバスケットボールルール2010対応コート

公式競技用コート28m×15m。
● コートは内側で測り全ての線幅は50㎜。
● 障害限度
　境界線から障害物や観衆まで2m以上、天井の高さは7m以上。

ミニバスケットボール

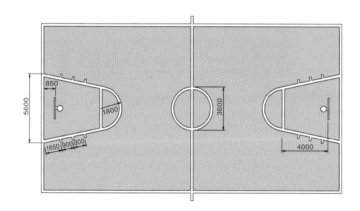

コートの大きさは、縦28m〜22m、横15m〜12mとする。初心者のコートの大きさは変更してよいが、縦・横の長さの釣り合いはこれに比例するようにする。
● コートは内側で測り全ての線幅は50㎜。

6人制バレーボール

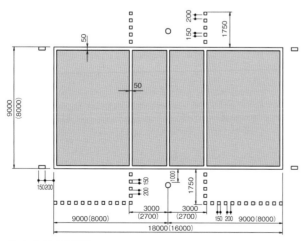

● ネット高さ
　一般男子：2.43m　　一般女子：2.24m
　高校男子：2.40m　　高校女子：2.20m
　中学男子：2.30m　　中学女子：2.15m
　小学男子：2.00m　　小学女子：2.00m
● 障害限度
　サイドラインより5m以上、エンドラインより8m以上。高さは国際大会で12.5m以上、国内大会で7m以上。国際大会ではアタックラインの延長線上に長さ15cmの点線を20cm間隔で画線する。

※（　）は小学校用

9人制バレーボール

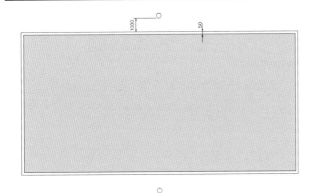

	長さ(外側)×幅(外側)	ネット高さ
一般男子	21.0m×10.5m	2.38m
高校男子	21.0m×10.5m	2.25m
中学男子	20.0m×10.0m	2.15m
一般女子	18.0m× 9.0m	2.10m

	長さ(外側)×幅(外側)	ネット高さ
家庭婦人	18.0m×9.0m	2.05m
高校女子	18.0m×9.0m	2.05m
中学女子	18.0m×9.0m	2.00m
小学校	16.0m×8.0m	1.90m

ソフトバレーボール

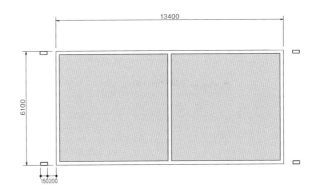

コートは、13.40m×6.10mの広さを持つ長方形であって、最小限2mの幅の長方形のフリーゾーンによって囲まれている。コートは、2本のサイドラインと2本のエンドラインによって区画される。また、ネットの真下に、両サイドラインを結ぶセンターラインを引き、コートを2等分する。ネットの高さは、2mとし、幅80cmのソフトバレーボール用ネットを用いる。コートは、バドミントンのダブルス用コートの外側ラインを利用してもよい。

バドミントン（ダブルス）

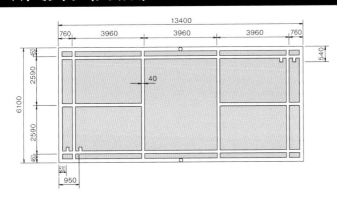

ポスト高さはコート面から1.55m、サイドライン上に立てられない時は40mm以下の細いポストかストラップを用い、サイドラインに固定させ、ネット紐に垂直に立てる。
●対角線距離
　シングルス…半コート 8.469m、全コート 14.366m
　ダブルス……半コート 9.061m、全コート 14.723m
●障害限度
　ラインよりそれぞれ2m以上、高さ12m以上（公式試合）

硬式テニス（ダブルス）

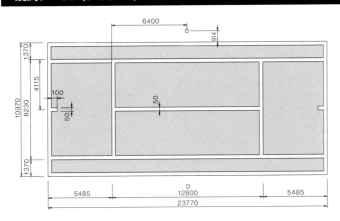

公式試合の場合はベースライン外6.4m以上、サイドライン外3.660m以上の空地がなければならない。しかし実際にはベースラインより8m以上、サイドラインより5m以上が望ましい。特記なきライン幅は全て25mm～50mm。ポスト高さ1.07m、ネット高さはセンターで0.914m、センターは50mm幅ストラップ止め。

INDOOR SPORTS FLOOR

※コートサイズは参考資料です。実際にコート画線の際は正式ルールブック等でご確認ください。

柔道

IJF公式試合では、試合場内を8m×8mで行います。

関西間敷き込み（国際ルール）

※●は半畳サイズ
910×910mmとなります。

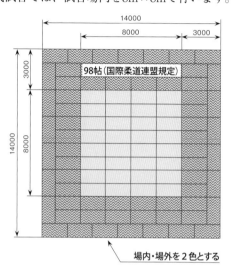

98帖(国際柔道連盟規定)

場内・場外を2色とする

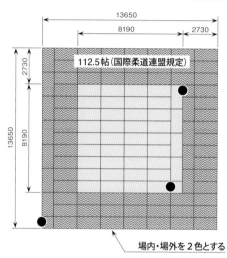

112.5帖(国際柔道連盟規定)

場内・場外を2色とする

剣道

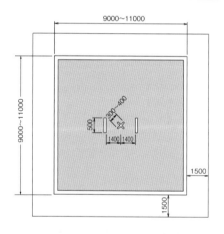

ポートボール

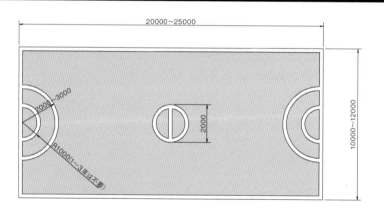

空手

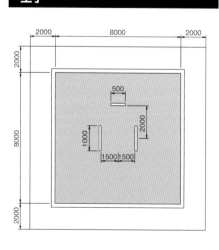

ドッジボール

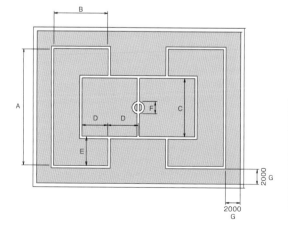

	小学生男子 小学生女子 中学生女子	中学生男子 高校生女子 一般女子	高校生男子 一般男子
A	16.0	19.0	22.0
B	8.0	9.5	11.0
C	10.0	11.0	12.0
D	5.0	5.5	6.0
E	3.0	4.0	5.0
F	2.0	3.0	3.0
G	2.0	2.0	2.0

(単位：m)

ハンドボール

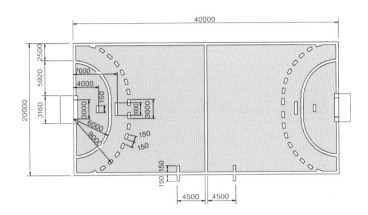

競技場の大きさは40×20mが標準である。小学生については36mを標準とする。公式競技は40×20mの競技場で行う。競技場の周囲に、サイドラインに沿って1m、ゴールラインに沿って2mの安全地帯を設ける。ライン幅は50mmとする。

サッカー

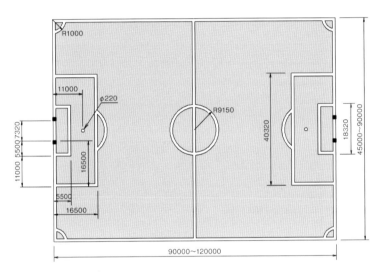

大きさ：競技場は長方形で、縦90m以上 120m以下、横45m以上90m以下とする。（国際試合においては、縦100m以上110m以下、横64m以上75m以下とする。）縦の長さはつねに横幅より大きいものとする。

ライン：競技場は図に示すとおり、幅12cm以下の境界線によって描き、V字溝で区画してはならない。長いほうの境界線をタッチ・ライン、短いほうをゴールラインという。各コーナーには、旗をつけた先端のとがっていない高さ1.5m以上のポストを立てる。

フットサル

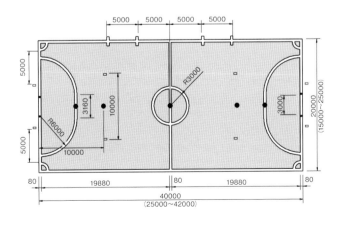

競技場は長方形で、縦25m以上42m以下、横15m以上25m以下とする。縦の長さはつねに横幅より大きいものとする。競技場は図に示すとおり、幅8cmの境界線によって描く。長いほうの境界線をタッチライン、短いほうをゴールラインという。ハーフウェイラインは競技場を横切って引かれる。競技場の中央を適当な印で示しこれを中心に半径3mの円を描く。

[3]床金具の種類

床種	用途	アルミ合金スライド型	
		差込式	アンカーボルト式
木製床	バレーボール（φ76.3）	○	
	テニス（φ76.3）	○	
	バドミントン（φ40）	○	
	体育館用低鉄棒	○	
	移動式鉄棒		○
	つり輪		○
	段違い平行棒		○
	跳馬		○
	あん馬		○
塗床	バレーボール（φ76.3）	○	
	テニス（φ76.3）	○	
	バドミントン（φ40）	○	
	体育館用低鉄棒	○	
	移動式鉄棒		○
	つり輪		○
	段違い平行棒		○
	跳馬		○
	あん馬		○

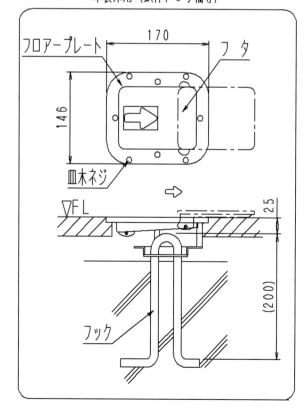

木製床用（鉄棒、つり輪等）

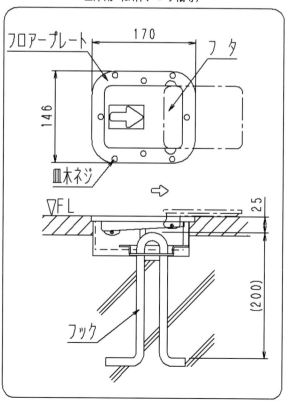

塗床用（鉄棒、つり輪等）

木製床用 (バレー、テニス)

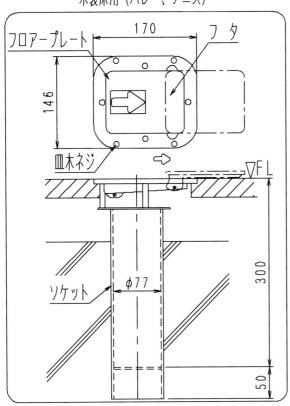

フロアープレート　フタ
170
146
皿木ネジ
▽FL
ソケット
φ77
300
50

木製床用 (低鉄棒)

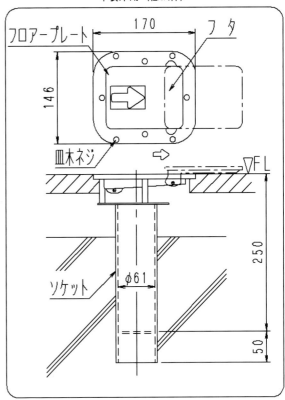

フロアープレート　フタ
170
146
皿木ネジ
▽FL
ソケット
φ61
250
50

木製床用 (バドミントン)

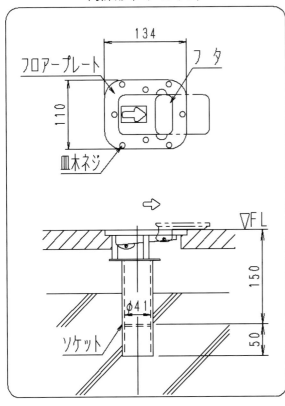

フロアープレート　フタ
134
110
皿木ネジ
▽FL
ソケット
φ41
150
50

塗床用 (バレー、テニス)

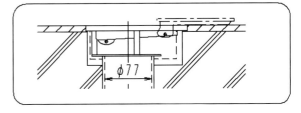

φ77

塗床用 (低鉄棒)

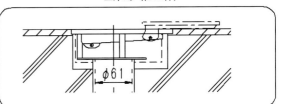

φ61

塗床用 (バドミントン)

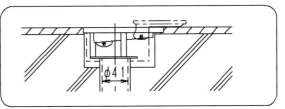

φ41

〔4〕屋内スポーツフロアの概算費用

木質床

※施工対象は1室500㎡以上とする
※材工共、単位は円/㎡、消費税別途
※フローリング材はJAS製品・無塗装品（現場にてサンダー塗装）
※価格は地域・季節により変動する場合あり

（ア）既存床仕上げ

塗料	塗布回数	価格	備考
溶剤1液型油変性ポリウレタン樹脂	1回塗	1,300円	下地調整共
	2回塗	2,000円	下地調整共
	3回塗	3,000円	ドラムサンダー掛け共　新規床は200円減
溶剤2液型ポリウレタン樹脂	1回塗	1,500円	下地調整共
	2回塗	2,500円	下地調整共
	3回塗	3,700円	ドラムサンダー掛け共　新規床は200円減
水性ポリウレタン樹脂	1回塗	1,500円	下地調整共
	2回塗	2,500円	下地調整共
	3回塗	3,500円	下地調整共
	4回塗	4,800円	ドラムサンダー掛け共　新規床は200円減

※いずれも床にワックス掛けしていない場合。ワックスを掛けてある場合は専門業者にご相談ください。

（イ）フローリングボード特殊張り（ビス留め工法）

樹種	厚さ 15mm	厚さ 18mm	備考
ブナ	12,100円	12,900円	フローリングは日本農林規格品とする
イタヤカエデ	12,500円	13,300円	
ナラ	12,500円	13,300円	
カバ	12,100円	12,900円	
アサダ	13,500円	14,300円	

（ウ）複合フローリング大型積層タイプ

樹種	厚さ 18mm	厚さ 27mm	厚さ 30mm	備考
カバ	12,900円	15,200円	15,400円	18mmは二重張り工法
ナラ	13,900円	16,400円	16,400円	27・30mmは根太直張り、特殊張りとする

※上記は幅300〜455mmの場合
※幅130〜145mmの場合は普通張りで同価格とする

（エ）複合フローリングボードタイプ

樹種	15mm（2mm表層）	15（3mm表層）	18mm（3mm表層）	備考
カバ	13,000円	13,800円	15,000円	幅90×長さ909・910mm
ナラ	13,300円	14,100円	15,300円	

（オ）接着工法のフローリング

樹種	無垢板	複合フローリング 表層2mm	備考
	厚さ15×幅75mm×乱尺	厚さ15×幅75・90×長さ909・910mm	
ブナ	14,700円	13,300円	日本農林規格品 クリアー塗装品とする
イタヤカエデ	15,100円	13,700円	
ナラ	15,100円	13,600円	
カバ	14,700円	13,400円	
アサダ	16,100円	―	

（カ）捨張合板

種類	厚さ・仕様		備考
	12mm	15mm	
針葉樹構造用合板	2,800 円	3,300 円	日本農林規格品とする
ラワン構造用合板	3,300 円	3,700 円	

（キ）床下地

施工項目	鋼製床下地	木製床下地	備考
既設床撤去	5,500円	5,500円	産業廃棄物処理費は別途
新設床下地工事費	9,800円	11,500円	H＝500mmを基準とする
合　計	15,300円	1,7000円	

※床金具・換気口・点検口等、また部分修正及び撤去については別途ご相談ください。
※鋼製床下地の場合、土間コンクリート強度（FC＝180）不足及び全体レベルについては、改修時に十分検査の上、施工することが必要です。

（ク）コートライン引

競技コート名	価格（新設）	備考
バレーボール(6人制)	48,000 円／1 面	
バレーボール(9人制)	40,000 円／1 面	
バスケットボール	85,000 円／1 面	
フリースロー内塗りつぶし	350,000 円／1 面	
ミニバスケットボール	70,000 円／1 面	
バドミントン	60,000 円／1 面	ダブルスコートの場合
ハンドボール	110,000 円／1 面	
テニス	65,000 円／1 面	ダブルスコートの場合
剣道、体操	40,000 円／1 面	
ポートボール	55,000 円／1 面	
ドッジボール	80,000 円／1 面	
フットサル	105,000 円／1 面	
各コーナーのみ	20,000 円／1 面	ポイント付コーナーは実線の80％
ポイント	3,000 円／1ヶ所	

※上記見積価格は一般的なもので、特殊なケースについては別途見積となります。
※リフォームに伴い下地等を補修する場合は、別途加算する必要があります。
※点線または中抜きラインの場合は、50％増しになります。

（公財）日本体育施設協会 屋内施設フロアー部会 会員名簿

社名	役職・氏名		所在地・電話番号・FAX 番号	
			体育施設関連 営業品目	
明石木材株式会社	代表者	代表取締役　長谷川 秀和	〒110-0012　東京都台東区竜泉1-25-6	
	連絡責任者	取締役　岩崎 善昭	〃	TEL.03-6240-6777　FAX.03-6240-6770
	建設・資材分野	内装仕上における各種床下地材及び仕上材の責任施工（乾式二重床工事、鋼製床工事、フローリング貼、サンダー塗装）		
	管理・リフォーム分野	既存建築内の床（スポーツ施設、住宅等）に対する診断並びに改善のご提案		
株式会社 WITH フローリング	代表者	代表取締役　小林 浩和	〒154-0002　東京都世田谷区下馬3-8-8	
	連絡責任者	本社事業部　小林 道雄	〃	TEL.03-3424-8068　FAX.03-3418-2188
	建設・資材分野	体育館及び各種スポーツフロアー工事施工（鋼製床・置床下地、フローリング施工、ウレタン塗装、コートライン、ロゴマーク塗装、フローリング削替・再塗装）		
	管理・リフォーム分野	スポーツフロアの劣化診断・及び補修、改修工事の御提案・削り替・コートライン書替		
株式会社 ウッドワン	代表者	専務取締役 製造本部 本部長　竹田 平	〒738-8502　広島県廿日市市木材港南1-1	
	連絡責任者	本社製造部串戸工場床担当　米本 和幸	〃	TEL.050-9000-3332　FAX.0829-32-5606
	建設・資材分野	体育館用-複合フローリング　武道場用-FSO認証、無垢ニュージーランドパイン武道場用　学校施設、幼児施設、老健施設、公共施設向け木質フローリング及び壁材		
永和床株式会社	代表者	代表取締役　薮本 伸広	〒577-0016　大阪府東大阪市長田西4-3-29	
	連絡責任者	東京営業所 所長　宮尾 秀行	〒101-0021　東京都千代田区外神田 2-15-8	TEL.03-3253-0317　FAX.03-3257-1459
	建設・資材分野	体育館用床下地構成材、システム壁、ウッドデッキシステムの製造、販売、施工		
	管理・リフォーム分野	体育施設の補修・改修工事及び劣化診断		
株式会社オーシカ	代表者	代表取締役社長　堀口 和秀	〒174-0041　東京都板橋区舟渡1-4-21	
	連絡責任者	東京支店 化成品営業部 課長　横山 泰洋	〃	TEL.03-5916-8862　FAX.03-5916-8864
	建設・資材分野	建築用接着剤製造・販売		
株式会社 九州ライフ	代表者	代表取締役　潮崎 由裕	〒861-0124　熊本県熊本市北区植木町石川380-2	
	連絡責任者	代表取締役　潮崎 由裕	〃	TEL.096-273-2292　FAX.096-273-5505
	建設・資材分野	体育館、各種スポーツ施設床工事施工及びメンテナンス（鋼製床組・置床下地・OAフロアー・フローリング研磨及びウレタン塗装・コートライン・体育器具全般・家具建具・遊具・陸上競技場等）施工、学校、公共施設備品販売等		
株式会社協栄	代表者	代表取締役　山田 賢治	〒103-0014　東京都中央区日本橋蛎殻町2-13-9	
	連絡責任者	公共・施設事業部長　石津 保美	〃	TEL.03-3666-3522　FAX.03-3667-8046
	管理・リフォーム分野	体育館、プール施設、屋外体育施設、美術館、イベント会場管理業務、ライフガード、スポーツ指導、事務補助、受付案内、清掃、設備管理、保安警備、環境衛生管理、植栽管理、サッカー場グランドの芝生補修改修		
株式会社 桐井製作所	代表者	代表取締役社長　桐井 隆	〒100-0011　東京都千代田区内幸町1-1-1 帝国ホテルタワー18F	
	連絡責任者	フロア事業部　小林 熱子	〒113-0034　東京都文京区湯島 3-21-5 サンコート湯島ビル 9F	TEL.03-5812-3770　FAX.03-5812-3772
	建設・資材分野	体育館、武道館、各種スポーツ施設における鋼製床下地材（JIS A6519）、体育施設用壁（緩衝壁システム）、天井（耐震天井）、ウッドデッキ用下地材の製造・販売、関連仕上げ材、点検口、換気口の販売		
	管理・リフォーム分野	上記製品における、維持管理・経年時の改修及び用途変更時等の仕様ご提案		
佐藤工業株式会社	代表者	代表取締役　佐藤 正明	〒428-0013　静岡県島田市金谷東2-3483	
	連絡責任者	代表取締役　佐藤 正明	〃	TEL.0547-45-2174　FAX.0547-45-2176
	建設・資材分野	各種フローリング（無垢、複合）、デッキ材の製造、施工、ENGウッドベースの施工（大引、根太が木のシステム床下地）		
	管理・リフォーム分野	床再生工事一式		
株式会社三建	代表者	代表取締役　浅井 守一	〒154-0003　東京都世田谷区野沢3-3-17	
	連絡責任者	代表取締役　浅井 守一	〃	TEL.03-3410-0161　FAX.03-3410-8167
	建設・資材分野	体育館床一貫責任施工、鋼製床、置床、OAフロアー、フローリング施工、樹脂塗装、コートライン、フロアメインテナンス（内装工事、塗装工事）		
	管理・リフォーム分野	スポーツフロアの劣化診断及び補修、改修工事、木床スポーツフロアのリサーフェス（研磨及び環境対応型塗料による塗装）、コートライン引き（バスケットボール新ルールのライン引き）、ロゴマーク書き、床金具補修及び交換		
三勇床工事 株式会社	代表者	代表取締役　森 隆之	〒134-0015　東京都江戸川区西瑞江4-21-7	
	連絡責任者	常務取締役 統括部長　半田 雅也	〃	TEL.03-5661-7801　FAX.03-5879-6341
	建設・資材分野	床工事全般・内装仕上工事		
	管理・リフォーム分野	内装リフォーム全般		

社名	役職・氏名		所在地・電話番号・FAX番号	
			体育施設関連 営業品目	
三洋工業株式会社	代表者	取締役社長　菊地 政義	〒130-0012　東京都墨田区太平2-9-4 三洋ビル	
	連絡責任者	営業統括部 課長代理　寺園 大		TEL.03-5611-6310　FAX.03-5611-6311
	建設・資材分野	体育用・剣道・柔道用鋼製床下地材(JIS A6519)、体育館用内壁システム、ステージユニット、システム天井、換気製品、屋外デッキフロアシステムの製造、販売、施工		
	管理・リフォーム分野	体育施設(床・壁・天井)の補修・改修工事、スポーツフロアの劣化診断と補修・改修の関連工事		
株式会社シミズオクト	代表者	代表取締役　清水 卓治	〒161-0033　東京都新宿区下落合1-4-1	
	連絡責任者	ファシリティマネジメント部　新井 淳也	〒160-0015　東京都新宿区大京町 31-35 シミズ千駄ヶ谷ビル 6F	TEL.03-3351-2390　FAX.03-3351-2391
	管理・リフォーム分野	イベント、コンベンション等の実施計画、警備計画、運営計画、消防計画等、イベント運営管理、顧客案内、警備、コンパニオンその他サービス業務等、建物総合管理、ビルクリーニング、ジュータンクリーニング、冷暖房空調及び給排水設備運転保守、施設運営管理、屋内外スタジアム、体育施設、ホール、プール、等の運営管理、警備業務、建物、イベント会場警備、交通、駐車場警備業務		
株式会社霜鳥	代表者	代表取締役　霜鳥 裕達	〒380-0928　長野県長野市若里1-27-2	
	連絡責任者	代表取締役　霜鳥 裕達	〃	TEL.026-227-7063　FAX.026-224-3314
	建設・資材分野	床工事一式(床下地・フローリング工事、体育館、集合住宅、学校、事務所、戸建て住宅他)		
株式会社染野製作所	代表者	代表取締役社長　染野 省三	〒144-0051　東京都大田区西蒲田7-60-1	
	連絡責任者	営業部 部長　中川 竜太	〃	TEL.03-3735-4891　FAX.03-3736-9797
	建設・資材分野	体育館用鋼製床下地、柔剣道場鋼製床下地「ジム・エース」「ポータブル・スポーツパネル」の製造、販売、施工及び木製床の施工(JIS A6519)		
	管理・リフォーム分野	スポーツフロアの劣化診断及び補修・改修工事		
空知単板工業株式会社	代表者	代表取締役　松尾 和俊	〒079-1286　北海道赤平市平岸西町3-12	
	連絡責任者	非住宅事業部 営業課 係長　浦 弘達	〒073-0157　北海道砂川市三砂町 1	TEL.0125-54-4330　FAX.0125-54-4332
	建設・資材分野	体育館用フローリング:Nライナー18(サスティナ)、ささくれ抑制加工「ササクレス」　学校・老健・公共施設フローリング:Eフローリング、耐摩耗柔軟塗装「GC」		
大日本塗料株式会社	代表者	建築塗料事業部 チームリーダー　諸田 良行	〒144-0052　東京都大田区蒲田5-13-23 TOKYU REIT蒲田ビル8F	
	連絡責任者	専任課長　八木 孝明	〃	TEL.03-5710-4503　FAX.03-5710-4520
	建設・資材分野	塗料製造・販売:体育館・教室・スポーツジム・ダンススタジオ等木床塗料「ウレテイトフロア」		
	管理・リフォーム分野	スポーツフロアの補修改修用塗料:維持管理・リフォーム関連塗料「アクアダイト」		
日本床工事工業株式会社	代表者	代表取締役　笠倉 敬稔	〒141-0032　東京都品川区大崎5-8-2 日床ビル	
	連絡責任者	常務取締役　佐藤 民夫	〃	TEL.03-3490-3081　FAX.03-3490-3608
	建設・資材分野	笠倉式特殊床・NS天然木集成フローリング(体育館用)、文教施設床材、鋼製床下地、住宅マンション用フローリング、乾式遮音二重床、環境改善型フローリング:サブル、環境改善型塗料:クレフコート、販売工事請負		
	管理・リフォーム分野	体育館・文教施設の床劣化診断改善・補修工事請負、既存床の環境改善型塗料改修		
フクビ化学工業株式会社	代表者	代表取締役社長　八木 誠一郎	〒918-8585　福井県福井市三十八社町33-66	
	連絡責任者	建築工事事業部 事業部長　大山 俊司	〒140-8516　東京都品川区大井 1-23-3 フクビビル	TEL.03-5742-6303　FAX.03-5742-6307
	建設・資材分野	体育館及び各種スポーツフロア用床システム、OAフロアー、ウッド(木粉樹脂)デッキ、膜天井、屋内プール天井・壁材の製造販売・工事		
物林株式会社	代表者	代表取締役社長　淡中 克己	〒136-8543　東京都江東区新木場1-7-22 新木場タワー7F	
	連絡責任者	住環境システム部 特販営業室　小林 恵子	〃	TEL.03-5534-3597　FAX.03-5534-3608
	建設・資材分野	木質構造体育施設の設計・施工、文教施設用単層床材「里山シリーズ」の製造・販売・施工、体育館用壁「ダイヤウォール」の製造・販売、体育館・柔剣道場木製床下地の製造・販売・施工		
松原産業株式会社 東京支店	代表者	取締役 東京支店長　田中 嘉春	〒136-0082　東京都江東区新木場3-8-7	
	連絡責任者	東京支店 係長　伊藤 秀史	〃	TEL.03-3521-7201　FAX.03-3521-7225
	建設・資材分野	営業販売品目(椙合板、椙ランバー、ラワン合板、ラワンランバー、床板-無垢フローリング、ブロック、フロアー集成材、パーチクルボード、MDF)、製造品目(椙合板、椙ランバーコア、無垢フローリング、無垢ブロック)		
矢島木材乾燥株式会社	代表者	代表取締役　佐藤 仁明	〒015-0404　秋田県由利本荘市矢島町七日町字下山寺42-2	
	連絡責任者	営業部 営業課長　佐藤 匠	〃	TEL.0184-56-2500　FAX.0184-55-2539
	建設・資材分野	フローリング製造販売(バリューフローリング、スクールワイドフローリング、フローリングボード、アトランティスフローリング発売)		

【 参考文献 】

・体育館床工事標準施工要領書（JIS A6519）
　日本体育床下地工業会
　日本フローリング工業会
　㈶日本体育施設協会スポーツフロアー部会

・体育館床の維持管理
　㈶日本体育施設協会スポーツフロアー部会

・建築技術 1991.8 月号（床設計上の基本概念）
　小野英哲 著

・体育館の床
　成瀬郁夫 著

・フローリングの日本農林規格（JAS）
　日本フローリング工業会

・体育史講義
　岸野雄三 編著

・近代スポーツの歴史
　大谷要三 著

・体育館用鋼製床下地構成材（JIS A6519）
　㈶日本規格協会

・屋内運動場の床性能について 安全性を中心として
　小野英哲 著

・木製及び鋼製床下地における床下換気
　三洋工業㈱

・建築物の遮音性能基準と設計指針
　日本建築学会 編

・建物の遮音設計資料
　日本建築学会 編

・学校施設の音環境保全規準・設計指針
　日本建築学会 編

【 協力企業 】

・セノー株式会社
・株式会社ダイケン
・ヤクモ株式会社

INDOOR SPORTS FLOOR 改訂第2版
― 屋内スポーツフロアの企画から維持管理まで―

令和3年2月8日　改訂第2版発行

企画・編集発行　公益財団法人日本体育施設協会 屋内施設フロアー部会
　　　　　　　　〒170-0002　東京都豊島区巣鴨2-7-14　巣鴨スポーツセンター別館3階
　　　　　　　　TEL.03-5972-1982　FAX.03-5972-4106

発　売　元　　株式会社体育施設出版
　　　　　　　　〒105-0014　東京都港区芝2-27-8　VORT芝公園
　　　　　　　　TEL.03-3457-7122　FAX.03-3457-7112

ISBN978-4-924833-71-5　C3052　￥2000E
定価　2,200円（本体2,000円）